봄마중 청소년꿈

10대를 위한
독립운동 신문

봄마중 청소년꿈

10대를 위한

독립운동 신문

김태훈 지음 | 천현정 그림

봄마중

　1900년대 초, 나라의 주권을 빼앗길 즈음 조선(대한제국)의 국력은 그야말로 초라했다. 조선 정부는 세계의 변화에 무지했고 제대로 대응하지도 못했다. 그 결과, 서양 문물을 재빨리 받아들여 근대화를 이룬 일본의 무력에 속수무책으로 당했다. 독립운동은 일본의 강압적인 지배에 저항하기 위해 일어났다. 그런데 일본의 한반도 식민 지배는 한일 두 나라만의 문제가 아니었다. 당시는 영국이 중심이 된 '해양 세력'과 러시아가 주축을 이룬 '대륙 세력'이 아시아 대륙을 두고 치열하게 힘겨루기를 하고 있었다. 일본은 영국과 동맹을 맺고 해양 세력의 앞잡이 노릇을 하며 대륙 진출을 도모했다. 그 첫 번째 길목이 한반도였다.

　해양 세력과 대륙 세력이 부딪히는 지정학적 위치 때문에 한반도는 수시로 전쟁터가 됐다. 일본은 청나라와 벌인 청일전쟁, 러시아와 벌인 러일전쟁 모두를 자기네 영토도, 상대방 영토도 아닌 한반도에서 일으켰다. 한반도가 남북한으로 분단된 것도 두 거대 세력이 힘겨루기에서 승부를 내지 못한 결과였다. 1950년에 발생한 6·25 전쟁도 처음에는 남북한 내전으로 시작됐지만 곧이어 공산주의를 신봉하는 대륙 세력(소련과 중국)과 자본주의를 신봉하는 해양 세력(미국과 UN군)이 부딪히는 국제전으로 확대되었다. 두 거대 세력 사이에서 우리 민족은 너무 많은 상처를 입고 너무 아픈 고통을 받았다.

　2025년은 우리나라가 일제에서 해방된 지 80년째 되는 해이지만, 대륙 세력과 해양 세력 사이의 긴장은 100년 전과 크게 달라지지 않았다. 여전히 미국으로 대표되는 해양 세력과 중국과 러시아의 대륙 세력이 힘겨루기를 하고 있고, 우리는 그 사이에서 살아가야 한다. 다행히 지금의 대한민국은 100여 년 전의 대한제국처럼 무기력하지 않다. 전 세계 195개국 중에 경제력은 10위, 군사력은 5위를 자랑하고 있고, 문화적으로도 K팝과 K드라마, K뷰티와 K푸드 등이 세계인의 사랑을 받는 나라로 번듯하게 성장했다. 일방적으로 영향을 받기보다는 서로 영향을 주고받을 만큼의 힘과 지위를 갖춘 나라가 됐다.

　이 책을 읽는 청소년은 앞으로 10~20년이면 우리나라를 이끌어갈 주역이 될 것이다. 우리나라의 지리적 위치는 그때도 달라지지 않는다. 우리나라는 이웃 국가들과 어떤 관계를 맺으면 좋을까? 100여 년 전 거대 세력의 틈바구니에서 힘으로 억압받던 시절, 독립을 되찾기 위해 갖은 노력을 아끼지 않았던 선배들의 행적을 음미해 본다면, 여러분이 주인공이 될 세상을 보다 아름답게 디자인할 수 있지 않을까? 기대가 된다. 건투를 빈다.

 총 15호로 구성된 이 책은 조선 말기부터 광복까지의 독립운동사를 실제 신문을 읽는 듯한 형식으로 풀어냈습니다. '역사 해결사', '알아두면 좋은 역사 속 사건들', '역사 탐구 생활', '인물 이야기', '생각해 보자', '퀴즈로 배우는 역사' 등 다양한 코너를 통해, 청소년이 보다 쉽고 흥미롭게 새로운 시선으로 역사를 체험하며, 독립의 의미를 되새길 수 있도록 구성했습니다.

❶ 메인 칼럼: 독립운동사에서 중요한 사건의 원인과 결과를 새로운 시각으로 풀어냄. 주요 단어는 별도 정리.

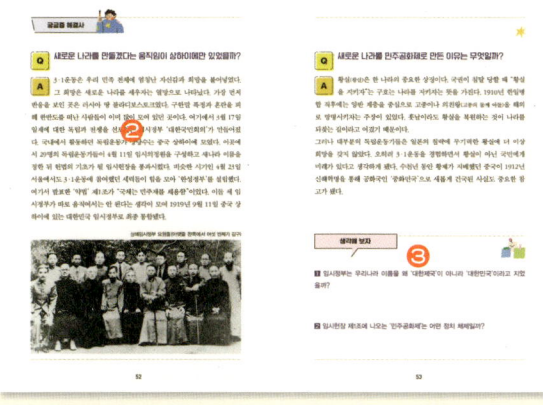

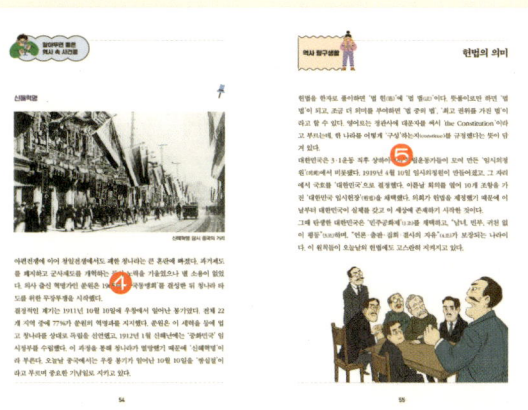

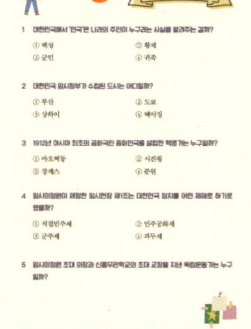

❷궁금증 해결사: Q&A 형식으로 청소년이 궁금해할 만한 주제를 살펴봄

❸생각해 보자: 기사를 읽고 자신만의 생각을 정리하거나 토론해 볼 수 있는 코너

❹알아두면 좋은 역사 속 사건들: 메인 칼럼과 비슷한 시기에 일어난 역사적 사건을 간략하게 정리

❺역사 탐구생활: 독립운동사의 주요 사건과 관련된 주제를 좀 더 깊이 있게 탐구해 보는 코너

❻인물 이야기: 메인 칼럼과 연계된 주요 인물의 생애와 업적

❼퀴즈로 배우는 역사: 내용 이해를 확인해 보는 객관식 문제와 단답형 문제

차례

아시아의 세력 판도를 바꾸다
청일전쟁에서 승리한 일본

1895년 4월 17일, 청나라와 일본은 청일전쟁을 끝내고 '시모노세키 조약'을 맺었다. 이 조약에 따라 청나라는 일본에 타이완섬, 랴오둥반도와 전쟁 배상금 2억 냥을 내주게 되었다. 2억 냥은 청나라 정부 1년 예산의 2.4배나 되는 엄청난 금액이다. 그런데 이 조약에서 가장 눈에 띄는 것은 조선에 대한 내용이 1번으로 적혀 있다는 점이다.

"청나라는 조선이 완전하고도 틀림없는 독립된 자주국임을 인정한다. 따라서 앞으로는 조선이 청나라에게 예의를 갖추거나 물건을 바치는 일은 완전히 없어진다."

일본은 왜 조선 이야기를 제일 먼저 했을까? 일본이 청나라와 싸운 이유가 바로 이것 때문이다. 오랫동안 조선은 중국을 대국으로 여기며 물건을 바치고 예를 갖추었다. 대신 중국은 조선을 도와주고 보호해 주었다.

그런데 이번 조약에서 '조선이 스스로 다스리는 나라'라고 말하면서, 조선과 중국의 관계가 끝났다고 선언한 것이다. 이제 조선에서 무슨 일이 일어나도 중국은 참견할 수 없게 되었다. 일본의 진짜 목적은 중국을 움직이지 못하게 만들고, 대신 일본이 조선에 참견하려는 것이었다.

'조선은 자주국'이라는 말이 이번에 처음 나온 것도 아니다. 1876년 맺은 '강화도 조약'에서도 '조선은 스스로 다스리는 나라'라고 했다. 하지만 이것도 조선을 존중해서가 아니라, 일본이 자기네 힘을 키우려는 말이었다.

청일전쟁이 끝난 뒤 조선은 일본의 영향을 크게 받으며 결국 지배받는 길로 들어서게 되었다.

조선은
못 잃지!

WIN

조선은 원래
우리 거였는데…

쳇!

남의 나라에서
왜들 저런담?

아이고~

주요 단어

조약 : 나라와 나라 사이의 약속

랴오둥반도 : 중국의 동북쪽 끝, 바다 쪽으로 쭉 튀어나온 땅

자주국 : 다른 나라의 간섭 없이 자기 나라의 일을 스스로 결정하는
나라

Q 일본은 왜 조선을 침략했을까?

A 일본은 오래전부터 한반도는 물론이고 중국까지 정복하고 싶어 했다. 중국에 가려면 반드시 한반도를 지나가야 하므로 조선을 침략한 것이다. 1592년에 일어난 임진왜란도 비슷한 이유였다. 그때 도요토미 히데요시는 자신들이 가진 힘이라면 조선은 물론이고 중국(명나라)도 무너뜨릴 수 있다고 생각하고, "명나라를 치러 가니 길을 비켜 달라"고 요구했다. 조선은 순순히 응하지 않았고 전쟁이 일어나자, 명나라와 힘을 합쳐 막아냈다. 하지만 일본은 그 꿈을 포기하지 않았다. 아시아에서 가장 빨리 서양 문물을 받아들여 현대식 무기를 갖추고 다시 대륙 정복에 나섰다. 그것이 바로 청일전쟁이다.

도요토미 히데요시

조선은 왜 일본에게 힘없이 당하기만 했을까?

19세기에는 서양 제국들이 전 세계를 지배하면서 큰 변화를 일으켰다. 청나라는 아편전쟁을 계기로 서양 문물을 받아들였고, 일본은 '메이지 유신'을 통해 서양 문물을 받아들였다. 하지만 조선은 바깥 상황에 무관심했고 심지어 문을 걸어 잠그는 '쇄국정책'까지 펼쳤다. 당시 조선은 '세도정치'가 지배하고 있었는데 세도정치란 특정 소수 가문(특히 왕비의 가문)이 권력을 독점한 상태를 말한다. 그들이 자기 권력을 유지하는 데만 관심이 있고 나라의 운명과 미래에는 상대적으로 무관심했다. 반면 일본은 서양 문명을 받아들이면서 군사력을 특히 강하게 키웠고 강화도 조약을 체결할 즈음에는 이미 조선의 군사력이 상대가 되지 않는 수준이었다.

생각해 보자

1 나라가 외부의 침입을 막기 위해서는 국방력을 길러야 한다. 조선은 왜 국방력을 기르지 못했을까?

2 김옥균 등 급진개화파가 일으킨 갑신정변은 불과 사흘 만에 진압되고 말았다. 그들은 왜 그렇게 서둘렀을까? 다른 방법은 없었을까?

갑신정변과 톈진조약

1884년 12월 4일 김옥균과 박영효 등의 급진개화파가 정변(쿠데타)을 일으켰
다. 그들은 청나라로부터 조선이 독립해야 하고 개화정책을 추진해야 한다
고 주장했지만, 사흘 만에 청나라 군대에 진압됐다. 급진개화파의 주축 세력
이 일본공사관으로 피신하면서 청군과 일본군 사이에 전투가 벌어졌다. 사건
이 마무리된 이듬해 4월 18일 청나라와 일본은 톈진에서 '양국 군대가 조선
에서 즉시 철군하되 한 나라가 파병할 경우 반드시 상대국에게 알린다'는 내
용의 '톈진조약'을 맺었다.

동학농민전쟁

1894년 2월 전라도 고부군(현 정읍시와 부안군 일대)에서 동학농민군이 봉기했
다. 동학군의 기세가 커져 전라도와 충청도 일대를 점령하자 다급해진 조선
정부는 청나라에 군사를 보내달라고 요청했다. 청나라가 2,800여 명을 보내
자, 일본은 톈진조약을 핑계로 무려 8,000여 명의 군대를 보내왔다. 일본군
의 규모에 놀란 조선 정부는 서둘러 동학군과 평화협정(전주화약)을 맺고 두
나라 모두 군대를 물릴 것을 요청했다. 청나라는 동의했지만 일본은 거부했
다. 일본군은 경복궁까지 점령하면서 총부리를 청나라 군대와 동학군에게 겨
눴다.

이 소식을 들은 동학군은 '척왜양의(일본과 서양 세력을 몰아내자)'라는 구호를 내
걸고 다시 일어났다. 하지만 기관총으로 무장한 일본군에게는 상대가 되지
못했다. 지도자 전봉준 장군이 체포되면서 동학군은 진압됐다.

청일전쟁은 대륙 세력과 해양 세력의 충돌

청일전쟁이 일어난 이유는 조선 정부가 무능했기 때문이기도 하지만 세계 질서가 급변했던 것도 중요한 이유였다. 15세기 이후 대항해 시대가 열리면서 유럽의 나라들이 세계를 점령하기 시작했는데 이들을 '해양 세력'이라고 부른다. 이들은 아시아 대륙의 동쪽 끝까지 찾아왔다.

이들의 도움으로 힘을 키운 섬나라 일본이 조총을 앞세워서 1592년 임진왜란을 일으켰다. 대륙 세력 중국(명나라)에 도전장을 내민 첫 번째 사건에서 일본은 성공하지 못했다. 1895년에 일어난 청일전쟁은 서양 문물을 적극 받아들인 일본이 현대식 무기로 다시 무장하고 대륙 세력 청나라를 상대로 일으킨 두 번째 전쟁이었다. 청나라는 아편전쟁 이후 서양 문물을 받아들이려고 노력했지만 일본의 속도를 따라잡지는 못했다. 해양 세력과 대륙 세력이 겨룬 이 두 번째 전쟁은 해양 세력이 승리했다.

한반도는 대륙 세력과 해양 세력이 부딪히는 위치에 자리 잡고 있다. 그때 조선은 급변하는 세계 질서에 둔감했다. 결국 나라는 남의 나라들의 전쟁터가 됐고, 주권도 스스로 지키기 어려운 상황이 되고 말았다.

청일전쟁을 그린 그림

전봉준

1855~1895

잡혀가는 전봉준(가운데)

청일전쟁의 방아쇠를 당긴 사건은 동학농민전쟁이었다. 이 혁명의 지도자 전봉준 장군은 전라도 고부(전북 정읍) 출신으로 농민들의 고통과 사회의 불평등을 보면서 '사람이 곧 하늘'이라는 신념을 가진 동학운동에 몸을 던졌다. 그는 1894년 고부군수 조병갑의 부패와 폭정을 규탄하면서 동학군을 일으켰다. 동학군은 파죽지세로 관군을 몰아내며 충청과 전라 지역을 빠르게 장악했다.

깜짝 놀란 조선 정부는 동학군과 평화협정을 맺는 척하면서 뒤로는 청나라 군대를 불러들여 진압을 시도했다. 이때 일본도 톈진조약을 핑계로 대규모 군대를 파견했다. 이 사실에 분노한 전봉준은 다시 동학군을 조직해 일본군과 싸우는 전쟁을 일으켰다. 하지만 기관총으로 무장한 일본군을 당해낼 수는 없었다.

1894년 12월 28일에 체포된 전봉준 장군은 사형선고를 받고 이듬해 4월에 처형되고 말았다. 하지만 많은 사람들이 전봉준 장군을 잊지 않고 기억했다. '새야 새야 파랑새야 녹두꽃에 앉지 마라'는 바로 녹두장군 전봉준을 기리는 노래다. 전봉준 장군과 농민들의 저항정신을 잊지 않은 수많은 사람들은 1919년 3·1운동에 대거 나섰고, 해방 후에는 1960년 4·19혁명, 1980년 5·18 광주민주화운동, 1987년 6월 항쟁에 참여했다.

1 청일전쟁이 끝나고 청나라와 일본이 조약을 맺은 장소는 어디일까?

① 서울   ② 톈진

③ 도쿄   ④ 시모노세키

2 다음 중 틀린 내용은 무엇일까?

① 임진왜란을 일으킨 사람은 도요토미 히데요시이다.

② 나라의 문을 걸어 잠그는 것을 쇄국정책이라고 한다.

③ 청일전쟁 당시 조선의 조정은 바깥세상에 관심이 많았다.

④ 일본은 아시아에서 빠르게 서양 문물을 받아들였다.

3 1885년 톈진조약은 어떤 사건 때문에 맺어졌을까?

① 동학농민전쟁   ② 임오군란

③ 운요호 사건   ④ 갑신정변

4 다음 중 동학농민전쟁의 원인이 아닌 것은 무엇일까?

① 지방관리의 수탈   ② 농민들 사이의 갈등

③ '사람이 곧 하늘'이라는 동학사상의 확산   ④ 조선 정부의 무능력

5 노래 '새야 새야 파랑새야'는 누구를 기리는 노래일까?

쓰시마 해전으로
승기 잡은 일본

세계 질서를 뒤흔든 러일전쟁

일본은 1905년 5월 27일 쓰시마섬 주변에서 러시아의 발트함대와 이틀간 전투를 벌인 끝에 크게 승리했다. 전쟁은 1년여 전 일본 해군이 뤼순항을 기습 공격하면서 시작되었다. 세계 어느 나라도 러일전쟁에서 일본이 승리할 것이라고 예상하지 못했다.

당시 러시아는 세계 최강국인 영국과도 대등하게 겨룰 정도로 강한 나라였다. 그러나 일본은 러시아 태평양함대가 주둔한 뤼순항을 철저하게 봉쇄하고, 랴오둥반도에 주둔하던 러시아군도 격파했다. 물론 러시아와 경쟁하던 영국도 일본을 여러 방법으로 도왔다.

놀란 러시아는 세계 최강을 자랑하는 발트함대를 전쟁에 투입하기로 결정했다. 그러나 거리가 너무 멀었다. 발트해는 스웨덴, 핀란드, 러시아, 폴란드 사이에 있는 바다로 이곳에서 아시아까지 오려면 유럽과 아프리카 대륙을 크게 돌아 인도양을 거쳐야 했다. 반면 일본은 미리 우리 땅 진해에 해군기지를 건설하고 만반의 준비를 갖추고 있었다.

게다가 러시아 국내에서는 총파업과 시위가 벌어지며 혼란이 극에 달했다. 러시아 **국력**은 일본보다 훨씬 강했지만, 아시아 끝 동해 바다에서 벌어진 전투에 집중할 여력이 없었다.

쓰시마 **해전**은 비서양 국가가 서양 국가를 이길 수 있다는 가능성을 처음 보여줬다. 아시아인들은 서양을 이길 수도 있겠다며 잠시 희망을 가졌다. 그러나 일본은 러시아를 이긴 총칼로 아시아를 공격하기 시작했다.

주요 단어

국력 : 국가가 가진 경제적, 군사적, 기술적, 문화적인 힘

해전 : 바다에서 벌어지는 전쟁

Q 러일전쟁에서 영국이 일본을 도운 이유가 뭘까?

A 19세기 중후반 영국과 러시아는 아시아에서 치열하게 주도권 싸움을 하고 있었다. 중앙아시아로 세력을 넓히던 러시아는 인도를 식민지로 갖고 있던 영국과 아프가니스탄에서 두 번이나 큰 전쟁(앵글로-아프간 전쟁)을 일으켰지만, 간절히 원했던 '얼지 않는 항구'를 확보하지는 못했다. 러시아는 그 대안으로 한반도에 관심을 기울였다. 대한제국에 외교관을 보냈고, 을미사변 때는 고종 황제가 1년 동안 러시아 공사관에 피신할 수 있게 도왔다. 영국은 이런 러시아를 견제하기 위해 거문도를 점령하기도 했고, 1902년에는 일본과 동맹을 맺었다.

러일전쟁을 그린 그림

Q 안중근 의사는 왜 러일전쟁에서 일본이 승리한 것을 기뻐했을까?

A 러일전쟁 때만 해도 우리나라는 일본의 식민지가 아니었다. 그때 일본보다 더 무섭게 여겼던 존재는 서양 제국들이었다. 아프리카 대륙 전체를 식민지로 만든 제국들이 중동 지역을 거쳐 아시아 나라들까지 하나 둘 집어삼키고 있었기 때문이다.

일본은 근대화(서양화)를 먼저 추진했지만 우리나라와 중국에게는 여전히 같은 아시아 국가였다. 그 일본이 서양 제국 중 하나인 러시아를 이겼다. 아시아 사람들은 이 전쟁을 통해 "우리도 할 수 있겠다"는 희망을 가지게 됐다. 그러나 일본은 전혀 다른 생각을 하고 있었다. 그들은 아시아 국가가 아니라 서양 국가 중 하나가 되고 싶었다.

생각해 보자

1 대륙 세력과 해양 세력의 충돌이 조선의 운명에 어떤 영향을 미쳤을까?

2 일본의 승리를 아시아 사람들은 반겼지만, 정작 일본은 아시아가 되기를 거부한 이유는 무엇일까?

거문도 점령 사건

러시아와 경쟁하던 영국은 1885년 4월 일방적으로 거문도를 점령했다. 러시아의 태평양함대가 아프가니스탄으로 이동할 때 반드시 지나야 하는 전략적인 요충지였기 때문이다. 조선 정부가 항의했지만, 영국은 들은 척도 하지 않았다. 청나라가 중재에 나서 "영국이 거문도에서 철수하고 러시아는 조선의 영토를 취하지 않는다"는 합의가 이뤄지자 영국은 이듬해 2월 철수했다.

아관파천

명성황후 시해 사건 이후 목숨에 위협을 느낀 고종은 1896년 2월 11일 러시아 공사관(아관)으로 탈출했다. 고종은 정부에 있는 친일 각료들을 내쫓고 친러 내각을 구성했다. 조선에서 일본의 영향력이 줄어들자 일본 정부는 전쟁을 준비하기 시작했다.

가쓰라-태프트 밀약

포츠머스 조약이 체결되기 1달 전(7월 29일) 미국 장관 윌리엄 하워드 태프트와 일본 총리대신 가쓰라 다로가 도쿄에서 비밀회담을 열고 각서를 교환했다. 일본은 필리핀에 대한 미국의 식민지 통치를 인정하고, 미국은 일본이 한반도를 '보호령'으로 삼아 통치하는 것을 허락한다는 내용이었다. 이 밀약을 토대로 포츠머스 조약이 체결됐고, 우리나라와 일본이 을사늑약을 체결할 때 미국이 묵인하는 근거가 됐다.

을사늑약

을사늑약은 1905년 11월 17일 일본이 대한제국과 강제로 맺은 조약이다. '늑약'이란 말에 '억지로 맺은 약속'이란 뜻이 담겨 있다. 이 조약으로 대한제국은 일본을 제외한 다른 나라와 외교관계를 맺을 수 없게 됐다. 국제사회에서 더 이상 독립국이 아니라는 뜻이었다. 일본에서는 이 조약을 '일한보호협약'이라고 부른다.

고종은 이 조약에 서명하지 않았다. 미국, 영국, 프랑스, 러시아 등에 밀서를 보내 을사늑약이 강제로 체결된 것이니 무효라고 주장했다. 1907년에는 네덜란드 헤이그에서 열린 만국평화회의에 을사늑약의 부당함을 알리려고 이준, 이상설, 이위종 3명을 특사로 보내기도 했다. 하지만 일본이 이미 세계 각국에 손을 써놓은 상태였다.

일본이 을사늑약을 밀어붙일 때 협조한 대한제국의 대신 다섯 명을 가리켜 '을사오적'이라고 불렀다. 학부대신 이완용, 군부대신 이근택, 외부대신 박제순, 내부대신 권중현, 농상공부대신 송병준이 그들이다.

'을씨년스럽다'는 말은 날씨나 분위기가 썰렁하고 스산할 때 쓰는 말인데, '을사년 같다'는 말에서 비롯됐다. 민영환, 조병세, 황현 같은 지식인들은 유서를 쓴 뒤 자결했고, 전국의 유생들은 조약 폐기를 요구하는 상소를 올렸다. 최익현, 신돌석 등이 일으킨 의병 운동도 전국적으로 일어났다. 안중근 의사가 이토 히로부미를 사살한 것도 을사년 후에 벌어진 대표적 저항운동이었다.

호머 헐버트

Homer Hulbert
1863~1949

조선은 1882년에 미국과 수교하면서 영어 교사를 파견해 달라고 요청했다. 1886년 조선에 온 호머 헐버트는 최초의 근대 학교인 육영공원에서 영어와 지리를 가르쳤다. 학생들을 잘 가르치려고 한글을 배웠는데, 불과 나흘 만에 습득하는 자신을 보고 깜짝 놀랐다. 한글이 과학적인 문자라는 사실을 깨달으며 조선이란 나라를 사랑하게 됐다.

그는 최초의 순한글 지리 교과서인 《사민필지(양반과 백성 모두가 알아야 할 지식)》를 직접 써서 교재로 사용했다. 또 '한글은 현존하는 문자 가운데 가장 우수한 문자'라는 내용의 논문을 미국에서 발표했고 〈독립신문〉 발간을 적극적으로 도왔다. 제자 주시경과 함께 한글을 연구하며 띄어쓰기와 마침표, 쉼표를 도입했다.

헐버트는 대한제국의 국권이 위태로울 때 고종의 뜻을 미국과 유럽 국가들에 알리는 창구 역할을 도맡았다. 1907년 헤이그에 밀사를 보낼 때도 큰 도움을 주었다. 일본은 헤이그 밀사 사건을 핑계로 고종을 폐위시킬 때 헐버트도 미국으로 추방했다. 우리 정부는 1949년 광복절에 헐버트를 한국에 초대했다. "웨스트민스터 사원보다 한국 땅에 묻히기를 원한다"고 밝힌 헐버트는 한국에 도착하고 얼마 안 있어 세상을 떠났고, 그의 바람대로 서울 '양화진 외국인 선교사 묘원'에 묻혔다.

헐버트는 외국인 최초로 '건국공로훈장 태극장'을 받았고, 한글 보급과 관련해 '금관문화훈장'도 받았다. 많은 사람들이 그를 '한국인보다 한국을 더 사랑했던 외국인'으로 존경하고 있다.

1 다음 중 러일전쟁과 관련이 없는 것은 무엇일까?

① 발트함대   ② 쓰시마 해전

③ 을사오적   ④ 아관파천

2 영국이 러시아의 영토 확장을 막기 위해 점령한 조선의 섬은 어디일까?

① 제주도   ② 거문도

③ 완도   ④ 거제도

3 을사늑약의 불법성을 세계에 알리기 위해 고종은 만국평화회의에 밀사를 보낸다. 이 회의가 개최된 도시는 어디일까?

① 베를린   ② 런던

③ 헤이그   ④ 암스테르담

4 가쓰라-태프트 밀약을 통해 일본이 미국에게 보장받은 것은 무엇일까?

① 필리핀 식민 지배   ② 대한제국 식민 지배

③ 만주 철도 부설권   ④ 사할린섬 영토 획득

5 호머 헐버트가 영어와 지리를 가르친 우리나라 최초의 국립 근대식 학교의 이름은 무엇일까?

하얼빈에 울려 퍼진 총성

안중근의 이토 히로부미 저격

1909년 10월 26일 오전 9시 40분 만주 하얼빈역에 일곱 발의 총성이 울렸다. 하얼빈역은 아침부터 거창한 환영식이 준비되고 있었다. 조선의 초대 **통감** 이토 히로부미가 방문하는 날이기 때문이다.

당시 러시아와 일본은 만주의 개발권을 놓고 힘겨루기를 하고 있었다. 전쟁에서 승리한 일본은 남만주 지역을, 러시아는 북만주 지역을 갖기로 했다. 그 마지막 단계로 이토 히로부미와 러시아 재무장관이 하얼빈에서 회담을 열기로 한 것이다.

이 정보를 알아낸 안중근은 이토 히로부미의 동선을 상세하게 파악한 뒤 만반의 준비를 했다. 그는 이미 동지 11명과 함께 **'단지동맹'**이라는 **비밀결사**를 조직해, 왼손 약지 첫마디를 잘라 그 피로 '대한독립' 네 글자를 쓰고 손바닥 도장까지 찍었다. 일본 정치인과 친일파를 목숨 걸고 제거하자고 맹세한 것이다.

열차가 플랫폼에 도착하자 이토 히로부미를 보러 나온 사람들이 일장기를 흔들며 열렬하게 환영했다. 그때 안중근이 성큼 앞으로 나아가며 이토 히로부미를 향해 총을 쏘았다.

'탕, 탕, 탕!'

그가 쏜 일곱 발 중 세 발이 이토 히로부미의 가슴과 배에 명중했다. 깜짝 놀란 러시아 군인들이 순식간에 안중근을 에워쌌고 그 속에서 안중근은 "코레아 우라!(대한제국 만세)"를 외쳤다. 이토 히로부미는 열차 안으로 급하게 옮겨져 응급 처치를 받았지만 30분 만에 목숨을 잃었다.

통감 : 조선의 외교를 총괄하는 통감부의 우두머리

단지 : 손가락을 자름

비밀결사 : 몰래 모여서 나라를 위해 싸우거나, 어떤 목적을 이루 기 위해 활동하는 단체

주요 단어

Q 안중근은 어떤 사람이었을까?

A 안중근의 본명은 안응칠이다. 1879년 9월 2일 황해도 해주읍 광석동에서 진사 안태훈의 장남으로 태어났다. 한학을 오래 공부한 집안이었지만 아버지는 개화를 적극적으로 받아들였고, 어머니 조성녀도 아버지의 권유로 천주교 신자가 되었다(세례명 마리아). 안중근은 16세에 세례를 받았다(세례명 도마). 그는 러시아 연해주를 둘러보면서 조선에도 변화가 필요하다고 느끼고 황해도 신천에 '삼흥학교'를 설립해, 전통교육 외에 수학과 과학, 외국어를 가르쳤다.

안중근은 대한제국이 외교권을 빼앗기는 과정을 지켜보면서 교육만으로는 나라가 처한 상황을 바꿀 수 없다고 판단하고 무장투쟁에 나섰다. 직접 의병을 조직해 일본군과 전투를 벌이기도 했지만 역부족이었다. 힘의 차이가 너무 클 때는 적의 주요 인물을 제거해 사기를 꺾는 방법이 있다. 안중근은 동지들과 '단지동맹'을 맺고 이토 히로부미 저격을 치밀하게 준비했다.

뤼순 감옥에서의 안중근

안중근은 감옥에서 어떤 시간을 보냈을까?

체포된 안중근은 감옥에서도 의연하고 당당했다. 일본 검찰이 이토 히로부미를 왜 사살했는지 묻자 "동양의 평화를 해치고 한국의 자주 독립을 방해하는 제일의 적"이기 때문이라고 대답했다.

일본 법원은 1910년 2월 14일 안중근에게 사형을 선고했다. 그 자리에서 안중근은 "대한의군 참모중장으로서 이토를 처단한 것은 정당한 군사행위이며, 조국의 독립을 위해 한 행동이니 후회가 없다"라고 당당하게 선언했다. 사형 집행을 앞둔 안중근은 감옥에서, 서양 열강의 침략을 막기 위해 한중일 3국이 협력해 평화를 이뤄야 한다는 내용의 《동양평화론》을 쓰기 시작했다. 하지만 글이 완성되기 전인 3월 26일에 사형이 집행되고 말았다. 안중근은 천주교 신자로 마지막 기도를 올린 뒤 담담하게 형장으로 걸어갔다고 한다. 그의 시신은 뤼순 감옥 내 공동묘지에 매장된 걸로 추정된다.

생각해 보자

1 을사늑약 이후 일본은 조선의 식민지배를 노골적으로 추진했다. 특히 고종의 헤이그 밀사 사건 이후에는 고종을 퇴위시키는 등 내정에도 간섭했다. 당시 사람들의 마음이 어땠을까?

2 안중근 의사가 이토 히로부미를 저격한 것은 일본의 지배가 부당하다는 사실을 세계에 알리기 위함이었다. 그의 죽음을 전해 들은 일본에서는 어떤 일이 벌어졌을까?

통감부 설치

을사늑약이 체결된 후 대한제국은 국제법상 '보호국'으로 전락해 버렸다. 일본은 보호국을 지도하고 감독하는 기관으로 '통감부'를 1906년에 설치했다. 원칙적으로는 외교권을 대행해야 하지만 실제는 모든 정부 부처(정치, 행정, 경제, 군사 등)에 일본인 고문을 배치해 내정을 장악하고 간섭했다. 〈대한매일신보〉 같은 비판적인 언론사를 탄압하고 검열을 강화한 것도 통감부였다. 초대 통감이 바로 이토 히로부미다.

한일신협약

1907년 7월 24일 일본이 대한제국의 군대를 해산하고 내정을 장악하기 위해 체결한 불평등 조약이다. 조약이 체결된 해가 정미년이었기 때문에 '정미 7늑약'이라고도 부른다. 고종이 만국평화회의에 밀사를 보낸 사건이 이 조약을 체결하는 빌미가 됐다. 통감부는 7월 20일 덕수궁에서 고종을 강제로 퇴위시켰고, 나흘 뒤 이완용이 이토 히로부미 앞에서 7개 항의 새 조약에 서명했다. 가장 중요한 내용은 대한제국의 군대를 해산하는 것이었다.

화폐정리사업

일본은 1904년 일본인 재정 고문을 통해 대한제국의 화폐제도를 뒤엎었다. 대한제국이 사용하던 '원'을 폐지하고 일본 돈인 '엔'을 도입하자 민족자본인 한성은행과 대한천일은행이 급격하게 약화됐고, 대신 일본자본인 조선은행이 대한제국의 경제를 장악했다.

을미의병, 을사의병, 정미의병

을사의병

다른 나라 역사에서는 찾아보기 힘든 우리 민족만의 특징이 있는데, 그중에 하나가 '의병'이다. 의병은 '의로운 병사'라는 뜻으로 우리나라가 위기에 빠졌을 때마다 크게 일어났다.

의병의 역사는 무척 오래되었지만 조선시대, 특히 임진왜란과 병자호란 때 많이 일어났다.

청일전쟁 직후 1895년 일본이 명성황후를 시해하고, 친일파가 권력을 잡으면서 단발령을 발표했을 때도 전국적으로 의병이 일어났다. 을미년에 일어났다고 해서 '을미의병'이라고 불렀다. 이때는 유학을 공부하던 유생들이 주로 앞장을 섰다. 이듬해 고종이 러시아 공사관으로 피한 뒤(아관파천) 친일 내각을 해체하면서 의병 활동도 잦아들었다.

그런데 1905년 을사늑약이 체결되면서 다시 '을사의병'이 일어났다. 〈황성신문〉에 장지연이 기고한 '시일야방성대곡(오늘을 목 놓아 통곡한다)'이란 글이 큰 힘을 발휘했다. 이때부터 의병은 한반도를 넘어 북간도와 연해주까지 퍼져나갔다. 1907년 일본이 고종을 강제로 물러나게 하고 대한제국 군대를 해산시키자 더 많은 사람들이 '정미의병'에 가담했다.

량치차오

梁啓超, 1873~1929

흙모래 대지를 휩쓸고 바람은 노하여 울부짖는데
칼날 같은 흰 눈이 흑룡강 연안에 쏟아진다
다섯발자국 지척에서 피 흘리게 해 큰 일을 마쳤으니
그 웃음소리 저 산의 달보다 높구나
이 세상을 떠날 때 내 무덤과 의사의 무덤이 나란히 있기를

이 시는 중국의 근대 사상가 량치차오가 안중근의 거사 소식을 듣고 지은 시의
일부다. 제목은 〈가을바람에 덩굴이 끊어지다〉인데, 여기서 말하는 '덩굴'은 이토
히로부미의 한자 이름을 가리킨다. 자기 무덤과 안중근의 무덤이 나란히 있기를 바
란다는 문장에서 량치차오가 안중근에게 얼마나 감동 받았는지 알 수 있다.

량치차오뿐만이 아니었다. 중국 언론도 안중근의 거사를 자기 일처럼 기뻐했다.
〈민우일보〉는 "고려의 원수는 우리의 원수다. 비록 한국인이 자기 원수를 갚았다지
만 역시 우리의 원수를 갚은 것 아닌가"라고 썼고, 〈자유신보〉는 "이토가 조선 지사
의 손에 죽은 것을 보고 기쁨을 느꼈다"고 기록했다. 중국 공산당을 창당한 천두슈
는 "중국 청년들이 톨스토이나 타고르가 되기보다는 콜럼버스나 안중근이 되기를
원한다"고 주장했다.

중화민국 탄생을 이끈 지도자 쑨원도 "안중근의 공은 삼한을 덮고 이름은 만국
에 떨치니, 살아 백 세는 못 가도 죽어서 천 년을 가리"라고 칭송할 정도였다.

1 안중근 의사가 이토 히로부미를 저격한 도시는 어디일까?

① 충칭 　　　　　　　② 상하이

③ 도쿄 　　　　　　　④ 하얼빈

2 안중근 의사의 세례명은 무엇일까?

① 베드로 　　　　　　② 도마

③ 요한 　　　　　　　④ 프란체스코

3 교육에 힘쓰던 안중근 의사가 무장투쟁을 선택하게 된 계기는 무엇일까?

① 을사늑약 　　　　　② 거문도 점령 사건

③ 러일전쟁 　　　　　④ 명성황후 시해 사건

4 일본이 고종을 폐위하고 군대를 해산한 것은 무슨 사건 때문이었을까?

① 임오군란 　　　　　② 러시아 공사관 피신 사건

③ 통감부 설치 사건 　④ 헤이그 밀사 파견 사건

5 나라가 위기에 빠졌을 때마다 스스로 들고 일어난 의로운 병사들을 무엇이라
고 할까?

세계지도에서 사라진 대한제국

한일병합조약 발표

1910년 8월 29일 '한일병합조약'이 발표되었다. 대한제국의 땅이었던 한반도가 일본 땅이 되었다는 뜻이다. 이제 대한제국은 세계지도에서 사라졌다.

조약을 맺은 장소는 창덕궁 **대조전**에 있는 '흥복헌(복을 부르는 집)'이었다. 조약이 발효되기 1주일 전인 8월 22일, 이곳에서 한일병합조약을 찬성하는 형식적인 어전회의가 열렸다. 일본이 미리 결정한 내용을 일방적으로 따르기로 하는, 참으로 무기력한 회의였다. 순종을 대신해 총리대신 이완용이 조약서에 도장을 찍었다. 조약 제1조는 "한국 황제 폐하는 한국 전부에 관한 일체의 통치권을 완전하고도 영구히 일본국 황제 폐하에게 **양여**한다"였다.

문제는 일본보다 먼저 움직인 대한제국의 정치인들이 있었다는 사실이다. 이완용을 비롯해 조선시대 무관을 지낸 송병준 등이 매우 적극적이었다. 경쟁적으로 나라를 갖다 바치겠다고 발 벗고 나선 꼴이다. '일진회'라는 친일 단체는 심지어 '한일합방 청원서'라는 걸 제출했는데, 간단하게 요약하면 "대한제국의 몰락이 멀지 않았으니 천황의 지극한 인덕으로 합방해 달라"는 것이었다. 일본 입장에서는 "너희들이 원해서 합방해 준 거야"라고 말할 수 있는 빌미를 제공한 꼴이다.

순종 황제는 병합에 끝까지 동의하지 않으며 국가의 공식 도장인 국새를 내주지 않았다. 그 때문에 이 조약서에는 일본국과 대한제국의 국새 대신 이완용과 당시 통감이었던 데라우치의 도장이 찍혀 있다. 이날을 '경술국치'라고 하는데, 경술년(1910년)에 일어난 나라의 수치라는 뜻이다.

Q 안중근 의사의 이토 히로부미 저격 사건과 한일병합조약 사이에 어떤 관계가 있을까?

A 안중근 의사가 저격한 이토 히로부미는 일본 최고 지위를 가진 정치인이었다. 그가 사망하면서 일본 정치권은 대혼란에 빠졌다. 그중에서 '당장 한국을 혼내 주자'는 군부 세력의 목소리가 힘을 얻었다. 사실 이토 히로부미는 일본에서 '신중파' 지도자였다. 무조건 힘으로 윽박지르기보다는 겁은 주되 정치적으로 잘 구슬리자는 쪽이었다. 그런데 그가 죽자 신중파의 세력은 크게 줄었고, 반대편인 강경파가 기세를 올렸다. 저격 사건이 발생한 지 불과 10개월 만에 병합조약이 체결된 이유가 바로 여기에 있다. 게다가 군인 출신들이 정치를 장악하면서 식민지 통치 방식도 매우 난폭해졌다. 관공서 공무원은 물론이고 학교 선생님들까지 제복을 입고 허리에 칼을 찬 채 업무를 보고 수업을 할 정도였다. 이런 통치방식을 '무단통치'라고 한다.

안중근 의거

일진회는 어떤 단체일까?

A 일진회는 무관 출신의 송병준이 1904년 8월에 독립협회 출신 윤시병, 동학군 출신 이용구 등을 불러모아 만든 단체다. '한국과 일본이 하나가 되어 앞으로 나가자'는 뜻이다. 일본이 생각보다 힘이 세다고 판단한 이들은 얼른 일본 편에 서서 이득을 보고 싶어 했다.

이들의 역할은 일본이 대놓고 말하기 어려운 요구를 앞장서서 대신해 주는 것이었다. 〈국민신보〉라는 친일 신문을 발행했고, 을사늑약에 적극 찬성하면서 반대하는 민족 세력을 억압하는 일에 앞장섰다. 그중에서도 압권은 안중근 의사 저격 사건 직후 일본 정부를 직접 찾아가 병합청원서를 제출한 것이다. 한일병합이 이루어진 뒤 일본은 일진회의 쓸모가 없어졌다고 생각하고 해산시켰다.

생각해 보자

1 500년 넘게 이어온 조선이 세계지도에서 사라질 수밖에 없었던 이유는 무엇일까?

2 일본이 조선교육령을 공포하고 보통학교를 세운 진짜 이유는 무엇일까?

토지조사사업

일본은 한일병합조약을 하자마자 '토지조사사업'을 시행했다. 겉으로는 '근대적인 지적사업(토지의 경계를 명확하게 정하는 사업)'을 통해 토지의 소유자를 명확하게 정리하는 것이 목적이라고 밝혔지만 사실상 주인이 누구인지 알 수 없었던 많은 땅을 강탈하는 것이었다. 일본은 이를 위해 '동양척식주식회사'를 세웠고 대한제국 황실 소유지는 조선총독부의 땅이 되었다. 그리고 그 땅을 일본 농민들에게 싼값에 나눠주었다.

조선교육령

조선교육령은 일본 천황의 이름으로 1911년 8월에 공포됐다. 제2조에 교육은 "충성스럽고 선량한 국민을 육성하는 것"을 근본으로 한다고 되어 있다. 여기서 충성할 대상은 일본 천황이었다. 교육의 목적은 "(일본) 국민으로서의 성격을 함양하고 국어(일본어)를 보급하는 것"이다. 간단하게 말하면, 일제강점기 교육의 목표는 조선의 어린이를 '착한 일본인'으로 만드는 것이었다.

대한제국의 토지조사 '광무양전'

토지조사는 일제가 조선을 지배하기 위해 가장 먼저 실시한 사업으로 알려져 있다. 하지만 일제가 한반도를 강점하기 20여 년 전인 1898년부터 대한제국은 이미 토지조사 사업을 진행하고 있었다. '광무양전'이라는 이름으로 진행된 이 조사에는 여러 가지 중요한 규제들이 있었는데, '개항장 거류지 10리 밖에서는 외국인의 토지 소유를 금지한다'는 조항도 포함됐다. '거류지'란 인천 제물포 같은 개항지에서 외국인이 거주할 수 있게 허가한 장소를 말한다. 그 경계에서 10리(4km)를 벗어나면 외국인이 토지를 살 수 없게 한 것이다.

외국인의 토지 소유를 금지한 이유는 국내 자본이 해외로 유출되는 것을 막기 위해서였다. 그런데 전국의 2/3 정도 조사를 마쳤을 때 사업은 중단되고 말았다. 러일전쟁에서 승기를 잡아 기고만장해진 일본이 한일협약을 체결하면서 일본인 재정고문을 고용하게 만들었고, 그가 광무양전 사업을 중단시켰기 때문이다. 훗날 조선총독부는 조선인은 보호하지 않고 일본인은 토지를 쉽게 매입할 수 있게 만든 새로운 토지조사를 실시했다.

고종과 순종(뒤)

순종 황제
1874~1926

순종은 고종과 명성황후의 사이에 장남으로 태어났다. 1907년 7월 고종이 일제에게 강제로 퇴위 당한 뒤 순종이 대한제국 제2대 황제로 즉위했다. 하지만 이름만 황제일 뿐 실제 통치권은 거의 없었다. 게다가 8월에는 대한제국 군대까지 해산된다. 무력을 상실한 황제는 종이호랑이나 마찬가지였다. 그래서 순종을 '꼭두각시 황제'라고 부르는 사람이 많았다.

1910년 두 나라가 병합되자마자 순종은 황제 지위를 박탈 당하고 '이왕(이씨 왕이라는 뜻)'으로 전락했다. 황제로 재임한 기간은 4년밖에 안 된다. 거처는 경복궁에서 창덕궁으로 옮겨졌다. 그리고 일제는 순종에게 아무 역할도 주지 않았다. 그곳에서 말년을 쓸쓸하게 보내다가 1926년 4월 52세 나이로 생을 마감했다. 그의 장례식이 그나마 독립운동을 이어가는 징검다리 역할을 했다. 장례식 현장에서 '6·10 만세 운동'이 일어났고, 이 운동을 계기로 신간회(1927년)가 결성되고 광주학생항일운동(1929년)도 연달아 일어났다.

1 대한제국이 일본에 병합된 해는 언제일까?

① 1901년   ② 1910년

③ 1915년   ④ 1919년

2 강제 병합 이후 일제가 식민지 조선을 지배한 방식을 무엇이라 부를까?

① 무단통치   ② 문화통치

③ 유연통치   ④ 무혈통치

3 일제가 '조선교육령'을 선포한 이유는 무엇일까?

① 모든 국민에게 교육의 기회를 제공하기 위해서

② 모든 국민의 지적 능력을 향상시키기 위해서

③ 어린이의 안전한 성장을 보장하기 위해서

④ 일본 천황에게 충성하는 국민으로 만들기 위해서

4 일제가 전국적으로 토지조사를 하기 위해 만든 회사 이름은 무엇일까?

① 조선식산은행   ② 동양척식주식회사

③ 경성방직   ④ 조선제련소

5 순종 황제는 한일병합 이후에 '이왕'으로 강등되어 거처를 어디로 옮겼을까?

탑골공원에서 울려 퍼진 '대한독립 만세!'

1919년 3·1운동

1919년 3월 1일 서울 탑골공원에 수천 명의 사람들이 모여들었다. 오후 2시가 되자 중절모에 두루마기를 입은 청년이 단상에 올라가 우렁찬 목소리로 '독립선언서'를 읽었다.

"우리는 오늘 조선이 독립국이며 조선인이 나라의 주인임을 선언한다."

낭독이 끝나자마자 모였던 사람들은 쓰고 있던 모자를 하늘로 던지며 "대한독립 만세!"를 외쳤다. 사람들은 탑골공원을 빠져나와 종로 쪽으로 행진을 시작했다. 주변에 있던 시민들도 행진에 참여하면서 숫자가 수만 명으로 크게 불어났다. 시위대가 덕수궁 앞에 이르렀을 때는 서울 시내가 우렁찬 만세 소리로 떠나갈 듯했다.

그런데 독립선언서에 서명한 민족 대표 33명은 그 누구도 공원에 없었다. 민족 대표들은 행사에 앞서 인사동에 있는 음식점 태화관에 모였는데 태화관 주인이 조선총독부에 신고하는 바람에 모두 경찰에 연행되었기 때문이다. 독립 만세운동은 곧바로 전국으로 퍼져나갔다. 천도교나 기독교의 조직을 통해 알려지기도 하고, 고종 장례식에 참석하러 왔던 사람들이 고향에 돌아가 시위를 이끌기도 했다. 만세운동은 전국 방방곡곡에서 일어났다. 정확한 규모는 알 수 없지만 여러 기록을 종합하면 만세운동 횟수는 2,000회 이상, 참가 인원은 200만 명이 넘을 것으로 추정된다. 당시 한반도 인구는 1,700만 명 정도였다.

탑골공원 : 서울 종로에 있는 우리나라 최초의 근대식 공원

민족 대표 : 독립선언서에 서명한 33명(개신교 16명, 천도교 15명, 불교 2명).

Q 민족자결주의와 3·1운동은 어떤 관계가 있을까?

A 1918년 1월 미국 대통령 우드로 윌슨이 '각 민족은 자신의 정치적 운명을 스스로 결정할 권리가 있고, 다른 민족의 간섭을 받지 않는다'는 내용의 민족자결주의를 발표했다. 이 주장은 패전국인 독일, 오스트리아, 튀르키예 등에게 식민 지배를 받던 민족들을 개별 국가로 독립시키기 위한 것이었지만 우리를 포함해 세계 곳곳에서 식민지배를 받고 있는 다양한 민족들에게 큰 영향을 끼쳤다.

이 소식을 들은 재미교포, 일본의 조선인 유학생, 상하이의 독립운동가들은 크게 고무됐다. 유학생들은 1919년 2월 8일 직접 만든 독립선언서를 낭독한 뒤 도쿄 한복판에서 '대한독립 만세'를 크게 외쳤다. 상하이에서는 신한청년단이 우리 민족의 독립의지를 알리기 위해 김규식을 파리평화 회의장에 파견했다. 이런 움직임들이 모여 3·1운동으로 이어졌다.

3·1운동

Q 왜 3월 1일에 만세운동이 일어났을까?

A 1919년 1월 21일 고종이 덕수궁에서 사망했다. 고종의 죽음을 둘러싸고 온갖 소문이 끊이지 않았다. 많은 사람들은 일본이 독살했다고 굳게 믿었다. 장례일이 3월 3일 월요일로 잡혔다. 흉흉한 소문 탓에 장례식을 직접 보겠다고 전국에서 수십만 명이 서울로 모여들었다.

민족 대표 33인은 사람들이 가장 많이 모이는 그날을 거사 일로 잡고 싶었지만 천도교계가 장례 당일에 운동을 펼치는 건 고인에게 예의가 아니라고 주장했고, 2일은 일요일이라고 기독교계가 반대했다. 그래서 모두가 동의할 수 있는 3월 1일 토요일로 만세운동일이 정해졌다.

생각해 보자

1 3·1운동은 특정 지역이 아니라 전국 곳곳에서 일어났다. 그 이유는 무엇일까?

2 3·1운동은 세계적으로 어떤 영향을 미쳤을까?

제1차 세계대전 종전

제1차 세계대전(1914~1918)은 인류 최초의 '총력전'이었다. 국민 전체와 국가가 가진 모든 자원이 총동원됐다는 뜻이다. 전쟁 중 사망자 숫자는 무려 2,000만 명에 달했다. 중립을 선언했던 미국이 1917년 4월에 참전하면서 전세가 연합국에 유리해졌다. 종전을 앞두고 연합국은 여러 가지 준비에 들어 갔는데, '민족자결주의'도 전후 협상 원칙 중 하나로 발표된 것이다. 전쟁은 1918년 11월 11일에 끝났다. 전쟁 후 다들 힘을 합쳐 평화를 지키자는 의미로 1919년 1월 프랑스 파리에서 평화회의(파리강화회의)가 열렸다. 신한청년당 소속의 김규식이 이 회의에 한국 대표로 참석했다.

중국 5·4운동

중국 전체가 식민지는 아니었지만, 홍콩을 비롯해 여러 지역이 서양 국가에게 넘어갔다. 파리평화회의 결과, 독일이 지배하던 산둥반도가 중국이 아닌 일본에 넘어가게 됐다. 1919년 5월 4일 베이징에서 일본의 침략과 중국 정부의 무능을 규탄하는 시위가 일어났다. 3·1운동처럼 5·4운동도 전국적인 항일운동으로 번졌다. 아시아에 있는 연합국 식민지에서 비슷한 독립운동이 연달아 일어났다. 영국 식민지인 인도에서는 마하트마 간디가 이끄는 비폭력 독립운동이, 프랑스 식민지 베트남에서는 호찌민 등이 이끄는 독립운동이 1920년부터 뒤이어 발생했다.

서양의 민족주의와
한국의 민족주의

미국의 윌슨 대통령이 발표한 '민족자결주의' 원칙에 우리 독립운동가들은 용기를 얻어 3·1운동을 일으켰다. 하지만 서양 국가들은 우리 민족의 목소리에 귀를 기울이지 않았다. 왜 그랬을까? 서로가 생각하는 '민족주의'의 내용이 달랐기 때문이다.

서양의 민족주의는 제국주의와 깊이 관련돼 있다. '제국'은 다양한 민족을 하나의 나라에 포함해 통치하는 방식이다. 제1차 세계대전 패전국 중 하나인 오스만 제국은 튀르키예뿐만 아니라 아라비아반도와 남유럽의 여러 민족 그리고 북아프리카 민족들까지 지배하고 있었다. 윌슨이 민족자결주의를 주장한 건 제국의 지배 아래 있는 민족들이 각자 나라를 만들어 독립하고 제국은 해체돼야 한다는 뜻이었다. 하지만 우리 민족은 통일신라 이래로 '한 민족 한 국가' 체제를 천 년 넘게 지키고 있었다. 우리에게 민족주의는 일제의 침략과 지배에 저항하는 의미가 컸다. 더 큰 문제는 영국과 동맹 관계였던 일본이 제1차 세계대전의 승전국이었다는 사실이다. 그렇기 때문에 서양 국가들이 우리의 목소리를 귀담아듣기는 어려웠다.

유관순

1902~1920

3·1운동은 전국 방방곡곡에서 수많은 사람이 참여한 대중적인 독립운동이다. 민족 대표 33명을 비롯해 그 시대에 유명한 사람들은 거의 다 참여했다. 하지만 그중에서도 유관순 열사는 특히 눈에 띄는 인물이다.

유관순은 1902년 충남 천안에서 태어났다. 충남 공주에 있는 영명학당에서 공부하다가 미국인 선교사 눈에 띄어 1916년에 서울의 이화학당(지금의 이화여대) 보통과 (지금의 초등학교) 3학년에 편입했다. 3·1운동이 시작되자 외국인 교장 선생님의 반대에도 전교생이 만세운동에 참여했고, 일제가 학교 휴교령을 내리자, 고향인 공주로 돌아가 만세운동을 조직했다. 그때 나이가 17세였다.

거사 일은 아우내장이 열리는 4월 1일이었다. 오후 1시 독립선언서가 낭독되고 '대한독립 만세'를 선창하자 3,000여 명의 군중이 다 함께 만세를 외쳤다. 장터 근처에 있던 헌병대가 즉각 출동해 해산하라고 명령했지만 시위대는 멈추지 않았다. 헌병은 바로 총을 쏘았고 닥치는 대로 총검을 휘둘렀다. 이때 유관순의 아버지 유중권도 목숨을 잃었다. 이날 헌병의 진압으로 목숨을 잃은 사람만 19명이나 된다.

유관순은 체포되어 공주지방법원에서 재판을 받았다. 5년 형을 받았지만 재심에서 3년 형으로 줄었고 서울 서대문형무소에 수감되었다. 유관순은 3·1운동 1주년이 되던 1920년 3월 1일, 동지들과 힘을 모아 옥중에서 만세운동을 주도했다. 화가 난 일본 간수들이 유관순을 혹독하게 고문했고, 후유증으로 그해 9월 감옥에서 목숨을 잃었다. 대한민국 정부는 1962년에 유관순 열사에게 우리나라 훈장 중 최고 등급인 '건국훈장 대한민국장'을 수여했다.

1 3·1운동에 직접적인 영향을 미친 미국 윌슨 대통령의 주장은 무엇일까?

① 민족자결주의   ② 자유민주주의

③ 민생우선주의   ④ 삼민주의

2 독립만세운동을 3월 1일로 정한 것은 누구의 장례식이 계기가 되었을까?

① 명성황후   ② 이토 히로부미

③ 고종   ④ 순종

3 3·1운동의 영향을 받아 독립운동을 전개한 나라가 아닌 것은 어디일까?

① 인도   ② 중국

③ 베트남   ④ 러시아

4 만세운동을 하다가 체포된 유관순 열사가 재판을 받고 마지막으로 수감된 곳은 어디일까?

① 서울구치소   ② 서대문형무소

③ 마산형무소   ④ 대구형무소

5 1919년 3월 1일 오후 2시 독립선언서가 낭독된 곳은 어디일까?

새로운 나라, '대한민국'
중국 상하이에 임시정부 설립

3·1운동이 일어나고 정확하게 40일 지난 4월 11일 중국 **상하이**에 '임시의 정원'이라는 이름의 임시정부가 만들어졌다. **초대 의정원** 의장은 이동녕, 국무총리는 이승만이었다. 그리고 새로운 나라 이름은 '대한민국'이라 정했다. 새롭게 만들 나라가 '황제의 나라'가 아니라 '백성의 나라'가 돼야 한다고 믿었기 때문이다.

또 대한민국 임시정부의 첫 번째 헌법이랄 수 있는 '대한민국 임시헌장'도 만들었다. 헌장 제1조에서는 '대한민국은 민주공화제로 한다'고 규정했다. 임금이 다스리는 '군주국가'가 아니라 국민이 주권을 갖는 '민주공화국'이라고 선포한 것이다. 임시헌장의 주요 조항은 다음과 같다.

제1조 대한민국은 민주공화제로 함.

제2조 대한민국은 임시정부가 임시의정원의 결의에 의하여 통치함.

제3조 대한민국의 인민은 남녀, 귀천 및 빈부의 계급이 없고 일체 평등임.

제4조 대한민국의 인민은 종교, 언론, 저작, 출판, 결사, 집회, 통신, 주소 이
전, 신체 및 소유의 자유를 누림.

제6조 대한민국의 인민은 교육, 납세 및 병역의 의무가 있음.

제7조 대한민국은 신의 의사에 의해 건국한 정신을 세계에 발휘하며 나아
가 인류의 문화 및 평화에 공헌하기 위해 국제연맹에 가입함.

제8조 대한민국은 구황실을 우대함.

임시정부청사

Q 새로운 나라를 만들겠다는 움직임이 상하이에만 있었을까?

A 3·1운동은 우리 민족 전체에 엄청난 자신감과 희망을 불어넣었다. 그 희망은 새로운 나라를 세우자는 열망으로 나타났다. 가장 먼저 반응을 보인 곳은 러시아 땅 블라디보스토크였다. 구한말 폭정과 혼란을 피해 한반도를 떠난 사람들이 이미 많이 모여 있던 곳이다. 여기에서 3월 17일 일제에 대한 독립과 전쟁을 선포하는 임시정부 '대한국민회의'가 만들어졌다. 국내에서 활동하던 독립운동가 상당수는 중국 상하이에 모였다. 이곳에서 29명의 독립운동가들이 4월 11일 임시의정원을 구성하고 새나라 이름을 정한 뒤 헌법의 기초가 될 임시헌장을 통과시켰다. 비슷한 시기인 4월 23일 서울에서도 3·1운동에 참여했던 세력들이 힘을 모아 '한성정부'를 설립했다. 여기서 발표한 '약법' 제1조가 "국체는 민주제를 채용함"이었다. 이들 세 임시정부가 따로 움직여서는 안 된다는 생각이 모여 1919년 9월 11일 중국 상하이에 있는 대한민국 임시정부로 최종 통합됐다.

상해임시정부 요원들(아랫줄 왼쪽에서 여섯 번째가 김구)

Q 새로운 나라를 민주공화제로 만든 이유는 무엇일까?

A 황실(皇室)은 한 나라의 중요한 상징이다. 국권이 침탈 당할 때 "황실을 지키자"는 구호는 나라를 지키자는 뜻을 가진다. 1910년 한일병합 직후에는 양반 계층을 중심으로 고종이나 의친왕(고종의 둘째 아들)을 해외로 망명시키자는 주장이 있었다. 훗날이라도 황실을 복원하는 것이 나라를 되찾는 길이라고 여겼기 때문이다.

그러나 대부분의 독립운동가들은 일본의 침략에 무기력한 황실에 더 이상 희망을 갖지 않았다. 오히려 3·1운동을 경험하면서 황실이 아닌 국민에게 미래가 있다고 생각하게 됐다. 수천년 동안 황제가 지배했던 중국이 1912년 신해혁명을 통해 공화국인 '중화민국'으로 새롭게 건국된 사실도 중요한 참고가 됐다.

생각해 보자

1 임시정부는 우리나라 이름을 왜 '대한제국'이 아니라 '대한민국'이라고 지었을까?

2 임시헌장 제1조에 나오는 '민주공화제'는 어떤 정치 체제일까?

신해혁명

신해혁명 당시 중국의 거리

아편전쟁에 이어 청일전쟁에서도 패한 청나라는 큰 혼란에 빠졌다. 과거제도를 폐지하고 군사제도를 개혁하는 등의 노력을 기울였으나 별 소용이 없었다. 의사 출신 혁명가인 쑨원은 1905년 '중국동맹회'를 결성한 뒤 청나라 타도를 위한 무장투쟁을 시작했다.

결정적인 계기는 1911년 10월 10일에 우창에서 일어난 봉기였다. 전체 22개 지역 중에 77%가 쑨원의 혁명파를 지지했다. 쑨원은 이 세력을 등에 업고 청나라를 상대로 독립을 선언했고, 1912년 1월 신해년에는 '중화민국' 임시정부를 수립했다. 이 과정을 통해 청나라가 멸망했기 때문에 '신해혁명'이라 부른다. 오늘날 중국에서는 우창 봉기가 일어난 10월 10일을 '쌍십절'이라고 부르며 중요한 기념일로 지키고 있다.

헌법의 의미

헌법을 한자로 풀이하면 '법 헌(憲)'에 '법 법(法)'이다. 뜻풀이로만 하면 '법 법'이 되고, 조금 더 의미를 부여하면 '법 중의 법', '최고 권위를 가진 법'이라고 할 수 있다. 영어로는 정관사에 대문자를 써서 'the Constitution'이라고 부르는데, 한 나라를 어떻게 '구성'하는지(constitue)를 규정했다는 뜻이 담겨 있다.

대한민국은 3·1운동 직후 상하이에서 독립운동가들이 모여 만든 '임시의정원'(의회)에서 비롯됐다. 1919년 4월 10일 임시의정원이 만들어졌고, 그 자리에서 국호를 '대한민국'으로 결정했다. 이튿날 회의를 열어 10개 조항을 가진 '대한민국 임시헌장'(헌법)을 채택했다. 의회가 헌법을 제정했기 때문에 이날부터 대한민국이 실체를 갖고 이 세상에 존재하기 시작한 것이다.

그때 탄생한 대한민국은 '민주공화제'(1조)를 채택하고, "남녀, 빈부, 귀천 없이 평등"(3조)하며, "언론·출판·집회·결사의 자유"(4조)가 보장되는 나라이다. 이 원칙들이 오늘날의 헌법에도 고스란히 지켜지고 있다.

앞줄 가운데

이동녕
1869~1940

임시의정원 초대 의장인 이동녕은 대한제국 시대의 계몽운동가이자 언론인으로, 일제 강점기에는 독립운동가로 활동했다. 천안에서 태어난 이동녕은 24세에 진사 시험에 합격했고 28세 되던 해에 독립협회에 가담하면서 구국운동을 시작했다. 1897년 서울에서 열린 만민공동회에서 상동교회의 청년들과 함께 나라의 잘못된 정치를 탄핵하고 임금에게 상소하는 국민운동에 나섰다가 투옥됐다. 이듬해 출옥한 뒤 〈제국신문〉에 입사해 사설을 집필하기도 했다.

1902년에는 이상재와 손잡고 YMCA운동을 펼쳤다. 한일의정서가 강제로 체결되자 상동교회에서 청년회를 조직해 국권회복운동에 나섰다. 을사늑약이 체결됐을 때는 동지들과 결사대를 조직하고 덕수궁 앞에서 연좌시위를 벌이다가 투옥되었다. 출옥한 뒤 만주 북간도로 망명해 이상설과 함께 한국 최초의 해외 사립학교인 '서전의숙'을 설립했고 귀국해서는 안창호, 김구, 이동휘 등과 함께 신민회를 조직해 독립운동에 나섰다. 한일병합 직후 랴오닝성으로 망명해 그곳에서 신흥무관학교를 설립하고 초대교장에 취임했다.

1926년부터 1927년까지 임시정부의 국무령을 지냈고, 1933년부터 1940년까지 임시정부의 주석으로 활동했다. 평생을 임시정부와 함께한 이동녕은 1940년 3월 13일 쓰촨성에서 과로로 인한 급성폐렴으로 72년의 생을 마감했다. 장례는 임시정부 국장으로 치렀고, 중국에 있던 유해는 광복 후인 1948년 9월 김구의 주선으로 효창공원에 안장됐다. 대한민국 정부는 1962년 '건국훈장 대통령장'을 추서했다.

1 대한민국에서 '민국'은 나라의 주인이 누구라는 사실을 알려주는 걸까?

    ① 백성   ② 황제
    ③ 군인   ④ 귀족

2 대한민국 임시정부가 수립된 도시는 어디일까?

    ① 부산   ② 도쿄
    ③ 상하이   ④ 베이징

3 1912년 아시아 최초의 공화국인 중화민국을 설립한 혁명가는 누구일까?

    ① 마오쩌둥   ② 시진핑
    ③ 장제스   ④ 쑨원

4 임시의정원이 제정한 임시헌장 제1조는 대한민국 정치를 어떤 체제로 하기로 했을까?

    ① 직접민주제   ② 민주공화제
    ③ 군주제   ④ 과두제

5 임시의정원 초대 의장과 신흥무관학교의 초대 교장을 지낸 독립운동가는 누구일까?

일본군에 크게 승리한 독립군

봉오동 전투와 청산리 전투

3·1운동은 우리 민족에게 용기와 자부심을 불러일으켰다. 한쪽에서는 임시정부가 수립되면서 새로운 나라를 세우는 꿈을 키워 나갔고, 다른 한쪽에서는 일본 제국주의에 직접 맞서 싸우자는 **무장투쟁** 의지가 불타올랐다. 홍범도와 최진동, 안무 등이 이끄는 독립군도 속속 만들어졌다.

만주 지역에서 항일 독립군이 조직되고 있다는 정보를 입수한 일본은 '자국민 보호'라는 명분을 내세워 독립군 기반 자체를 무너뜨리겠다는 계획을 세웠다. 이에 독립군 부대들은 힘을 합치기로 했다. 1920년 6월 6일 홍범도의 '대한독립군'과 최진동의 '군무도독부', 안무의 '국민회군'이 힘을 합쳐서 **봉오동** 계곡 일대에 매복했다. 선발대가 일본군을 공격한 뒤 계곡으로 유인했다. 일본군 500여 명이 계곡에 들어서는 순간 독립군의 총구가 일제히 불을 뿜었다. 홍범도의 지휘로 벌어진 이 전투에서 독립군은 큰 승리를 거뒀다. 봉오동 전투에서 승리한 독립군 부대들은 사기가 하늘을 찌를 듯했고, 일본군은 복수를 다짐하며 칼을 갈았다.

그해 가을 일본군은 독립군을 완전히 진압한다는 목표로 '간도 대토벌 작전'을 전개했다. 하지만 홍범도의 '대한독립군', 김좌진의 '북로군정서군', 안무의 '국민회군'이 다시 힘을 합쳤다. 10월 21일 봉오동에서 멀지 않은 청산리에서 닷새간 10여 차례나 전투가 이어졌다. 이 전투에서도 독립군은 대승을 거뒀다. 청산리 전투는 독립군이 거둔 최대의 승리였다.

Q 독립군은 왜 만주에서 많이 만들어졌을까?

A 만주는 조선의 북쪽 국경을 맞댄 지역이다. 특히 독립군이 주로 활동했던 만주 북간도(연길, 용정 등)는 두만강만 건너면 함경북도와 연결됐다. 게다가 험준한 산악지형이 많아 유격전을 펼치기에 유리했다. 만주 지역에는 조선 후기 때부터 조선인들이 이주해서 터전을 잡고 있었다. 대부분 흉년과 기근, 또 정부의 착취를 피해 이주한 사람들이었다. 을사늑약과 한일합병 이후에는 더 많은 사람들이 만주로 이주했는데, 그중에 상당수가 독립군에 가담하거나 독립운동을 후원했다. 독립군 입장에서는 일본의 감시를 피해 병력을 모집하고 물자를 마련하기에 더 없이 유리한 곳이었다.

당시 만주는 공식적으로 중국 땅이었다. 그런데 1911년 청나라가 무너지고 (신해혁명) 중화민국이 들어서는 과정에서 중국 전체가 대혼란에 빠졌기 때문에, 중앙 정부의 행정력이 만주까지 미치지 못했다. 그래서 조선인들 상당수가 모여 살 수 있었고, 독립군도 비교적 자유롭게 활동할 수 있었다. 중국에서도 반일 감정이 커지자, 일부 중국인들은 독립군을 숨겨주거나 간접적으로 지원하기도 했다.

독립군은 왜 하나가 아니라 여러 개였을까?

A 대한제국이 일제에 병합된 후 많은 사람들이 무장투쟁을 해서라도 나라를 되찾아야 한다고 생각했다. 하지만 구심점 역할을 할 정부가 없었기 때문에 각자 처한 상황 속에서 최선의 방법을 찾으려고 노력했다. 봉오동 전투와 청산리 전투가 일어난 1920년은 그 중에서도 실력을 쌓은 단체들이 모습을 드러내던 시기였다. 대표적인 독립군으로는 1919년 홍범도 장군이 설립한 '대한독립군', 이동휘 선생이 설립한 '간도국민회', 대종교 교인들이 중심을 이룬 '북로군정서', 중국군 경력의 최진동이 설립한 '군무도독부', 신흥무관학교 졸업생이 상당수 참가한 '서로군정서' 등이 있었다.

생각해 보자

1 일제에 직접 맞서 싸우는 무장투쟁이 필요했던 이유는 무엇일까?

2 자유시 참변 없이 대한독립군단이 꾸준하게 유지됐다면 우리나라 독립운동은 어떻게 달라졌을까?

신흥무관학교

신흥무관학교는 1919년 '신민회'가 독립군 양성을 위해 만들었다. 신민회는 고종이 폐위되고 군대가 해산됐을 때 만들어진 비밀 항일단체다. 1910년 국권을 완전히 상실하자 신민회는 한반도 밖에 독립군 기지를 만들어 무장투쟁을 벌이기로 결정하고 신흥무관학교를 세웠다. 신민회를 이끈 이회영, 이상룡 등은 전 재산을 팔아 자금을 모았으며 이곳에서 훈련받은 인재들이 봉오동 전투와 청산리 전투에서 맹활약했다.

간도참변

청산리 전투에서 패한 일본군이 보복으로 만주 북간도 지역에 사는 조선인을 학살한 사건이다. 1920년 10월부터 이듬해 4월까지 이어져 수만 명의 조선인이 목숨을 잃었고 마을이 불탔으며, 재산과 식량을 약탈당했다.

자유시참변

간도참변을 겪은 독립군들은 일본군의 추격을 피해 러시아의 자유시(러시아 아무르주의 '스보보드니')로 근거지를 옮겼다. 자유시에 결집한 무장단체들은 '대한독립군단'이라는 연합군을 만들었다. 당시 러시아는 공산주의 혁명 이후 내전 상태였다. 자유시는 공산주의가 지배하는 곳이었다. 대한독립군단 내부에서 공산주의 찬성파와 반대파 사이에 갈등이 심해졌다. 1921년 6월 28일 친공산파 부대가 러시아와 손잡고 반대파 부대를 기습해 수백 명의 독립군이 목숨을 잃고 포로가 됐다. 이 사건으로 무장 독립투쟁은 큰 타격을 입었다.

유격전

유격(遊擊)은 '흐르면서 싸운다'는 뜻으로 한곳에 머물지 않고 동에 번쩍 서에 번쩍하며 벌이는 전투 방법을 가리킨다. 영어로는 '게릴라전(Guerrilla Warfare)'이라 부른다. 일제 강점기 초기에 우리 독립군은 일본군을 상대로 유격전을 벌였다. 일본 정규군에 비해 무기는 물론이고 전투원 숫자도 압도적으로 열세였던 독립군이 일본군을 효과적으로 상대하기 위해 선택한 전술이었다. 유격전의 가장 큰 특징은 산악과 계곡 같은 지형과 지물을 활용하면서 상대가 방심한 틈을 노려 기습 작전을 벌이는 것이다.

독립군의 유격전은 상당히 큰 효과를 발휘했다. 일본 정부와 군대에는 불안과 공포를 주었고, 우리 민족에게는 승리의 경험과 함께 지속적인 항일 의지가 불타오르도록 만들었다. 또 독립군 승리의 소식이 신문에 보도되면서 전세계에 우리 민족의 독립 의지를 알리는 계기를 만들었다. 독립군의 유격전은 막대한 군사력을 보유한 일본군에 맞서기 위한 '지속 가능한 저항 전술'이었다.

홍범도

1868~1943

대한독립군을 이끈 홍범도 장군은 함경도 출신으로 어릴 때 부모님을 모두 잃고 머슴살이, 부대 나팔수, 공장 노동자 등 힘겨운 일을 하면서 자랐다. 20대 중반에 밑천을 털어 총을 구입해 산포수(사냥꾼) 일을 시작했다. 사격 실력은 물론 리더십까지 뛰어났던 그는 포수 단체의 대장이 되었다.

을미사변 직후 일제가 '총기 단속'을 시작하자 동료 포수들과 의병을 결성해 일본군을 사살했다. 이 사건을 계기로 무장투쟁에 본격적으로 뛰어들었다. 일본이 대한제국 군대를 해산하면서 또 한 번 전국적으로 총기를 수거하려고 하자 의병대를 일으켜 강력하게 저항했다. 이 과정에서 의병은 700여 명까지 늘어났다.

대한제국이 일제에 병합된 뒤에는 독립전쟁의 선봉에 섰다. 1920년 6월 봉오동 전투, 10월 청산리 전투에서 눈부신 지도력을 발휘했다. 1921년에 작성된 조선총독부 보고서는 홍범도와 그의 부대를 이렇게 묘사했다.

"일본 군대에 완강히 저항한 주력부대는 독립군이라 칭하는 홍범도 부대였다. 홍범도의 성격은 호걸의 기풍이 있어 김좌진 같은 재질 있는(전략 수립에 뛰어난) 인물이 아닌 듯하고, 앞서 홍범도가 간도 방면을 동분서주할 무렵에는 부하들로부터 신과 같은 숭배를 받았다."

1 봉오동과 청산리는 어디에 있는 지명일까?

　　① 남한　　　　　　　　② 북한
　　③ 만주　　　　　　　　④ 연해주

2 신흥무관학교는 어느 단체가 주도해서 만들었을까?

　　① 신민회　　　　　　　② 신한청년당
　　③ 간도국민회　　　　　④ 임시의정원

3 간도참변 후 일본군의 추격을 피해 독립군 연합군이 근거지를 옮긴 곳은 어디
　　일까?

　　① 블라디보스토크　　　② 하얼빈
　　③ 연길시　　　　　　　④ 자유시

4 의병부대를 이끌기 직전 홍범도 장군은 어떤 직업을 갖고 있었을까?

　　① 군인　　　　　　　　② 교사
　　③ 산포수　　　　　　　④ 농부

5 청산리 전투에서 홍범도 장군과 힘을 합쳐 승리로 이끈 북로군정서의 총사령
　　관은 누구일까?

민족 차별과 가짜뉴스가 불러온 비극
간토대지진과 대규모 조선인 학살

1923년 9월 1일 일본의 수도 도쿄가 포함된 간토 지역에 **진도** 8.2의 큰 지진이 발생했다. 지진과 함께 발생한 화재는 목조건물이 대부분인 도쿄 시내 전체를 집어삼키다시피 했다.

지진과 화재 그리고 쓰나미로 재산피해와 인명피해가 엄청난 규모로 발생했다. 사망자만 10만 5,000여 명(14만 명이라는 주장도 있다)에 부상자는 무려 37만 명을 헤아렸다. 도쿄에 살고 있는 370만 명 중에 무려 13~14%가 죽거나 다친 것이다. 일본은 계엄령을 선포했다. 민심이 흉흉해지지 않을 수 없었다.

지진이 발생한 지 열흘이 되던 9월 10일 한 신문에 "조선인들이 폭동을 조장하고 있다"는 기사가 실렸다. 이 보도를 신호탄으로 시내에 기괴한 소문이 돌았고, 그 소문을 다시 신문이 보도하는 '가짜뉴스'가 판치기 시작했다. 대표적인 내용이 "조선인들이 폭도로 돌변해 우물에 독을 풀고 방화 약탈을 하며 일본인을 습격한다"는 것이었다.

그러자 증오심에 불타는 일본인들이 '**자경단**'을 만들어 조선인을 학살하기 시작했다. 조선 옷을 입은 사람이라면 묻지도 않고 다짜고짜 죽여 버렸고, 일본 옷을 입은 사람도 조선인이 하기 어려운 발음을 제대로 못 하면, 조선인으로 여기고 죽였다. 공포를 느낀 조선인 일부는 경찰서 유치장까지 찾아가 피신했지만, 거기까지 쳐들어와 학살할 정도였다. 치안을 담당해야 하는 경찰은 학살 사실을 알면서도 모르는 척하거나 소극적으로 대응했다. 이때 도쿄 일대에서 학살당한 조선인 숫자가 6,000명을 넘었다고 알려졌다.

Q 왜 일본에 조선인들이 많이 살고 있었을까?

A 일제강점기가 시작되면서 조선의 농민들은 대부분 소작농으로 전락
했다. 소작도 하기 어렵게 된 사람들은 일자리를 찾아 도시로 흘러
들어갔다. 그러나 조선의 도시에는 좋은 일자리가 많지 않았다. 사람들은 조
선 수탈로 경제와 산업이 발전하는 일본 땅을 바라볼 수밖에 없었다. 일본에
서는 온갖 토목 공사, 철도 공사, 광산 개발 등이 이뤄지고 있었다. 그 일자
리를 보고 수많은 조선인들이 고향을 떠났다. 이를 '노동이민'이라고 부른다.
지진이 일어날 때 도쿄에 거주하던 조선인 숫자는 3~4만 명에 달했다.

Q 일본 정부는 왜 자경단의 만행을 모른 척했을까?

A 간토대지진으로 도쿄 시내가 무법천지가 됐을 때 사람들은 원망할 대상을 찾기 시작했다. 지진 후 폭동에 제대로 대처하지 못한 일본 정부는 그 분노의 화살이 자기에게로 향할까 봐 두려웠다. 일부 경찰이 폭동을 조선인이 주도했다고 가짜 소문을 퍼뜨렸고, 이를 신문이 보도했다. 가짜 뉴스에 자극받은 일본인들이 자경단을 만들어 조선인을 학살했지만, 경찰은 모른 체하거나 소극적으로 대응했다. 사회 불만을 조선인에게 돌리기 위해서였다. 당시 일본인은 조선인을 사회에서 힘들고 더러운 일을 담당하는 2등 국민으로 보고 있었다. 또 일본 정부는 이 사건을 조선인뿐만 아니라 사회주의자 등 평소 그들이 불편하게 여겼던 세력들을 제거하거나 약화시키는 데 이용했다.

생각해 보자

1 간토대지진 후 왜 조선인들이 공격의 대상이 되었을까?

2 사회주의 국가 소련이 등장한 뒤 지식인 사회는 어떻게 바뀌었을까?

세계 최초 사회주의 국가, 소련 건국

1922년 10월 세계 최초로 사회주의를 이념으로 하는 국가인 '소비에트사회
주의공화국연방(소련, USSR)'이 탄생했다. 당시 유럽 사회 대부분은 자본주의
사회였고, 심각한 빈부 격차와 노동력 착취로 사회 전체에 엄청난 모순과 불
만이 쌓여가고 있었다. 소련은 이때 등장한 사회주의 국가였기 때문에 서구
의 지식인 중에 이상적인 국가로 여기는 사람들이 많았다. 일본과 조선에도
사회주의를 따르는 지식인이 빠르게 늘어났다. 일본 정부가 지진을 핑계로
사회주의자들을 탄압한 이유도 소련이라는 존재 때문이었다.

형평사 운동

백정들을 중심으로 한 신분해방 운동이다. 1923년 4월 경상남도 진주시에
서 이학찬, 장지필 등 백정 출신과 강상호, 신현수, 천석구 등 양반 출신 지
식인들이 합심해 조직을 만들었다. 그들이 사회를 향해 외친 구호는 "백정
도 참다운 인간이 되게 하라"였다. 당시 백정은 법적으로는 해방됐지만 현
실에서는 여전히 심하게 차별받는 신분이었다. 형평사 운동은 크게 호응을
받으며 전국적인 규모로 발전했다. 하지만 내부 분열과 일제의 압력으로
10여 년 만에 해체되고 말았다.

사회적 혐오와
마녀사냥

자연재해나 전염병처럼 예상치 못한 큰 재난이 닥쳤을 때 사람들은 불안과 공포를 느낀다. 이때 정치권이나 당국이 어떻게 대처하느냐에 따라 사회 전체가 안정을 되찾기도 하고 반대로 대혼란에 빠지기도 한다. 사람들은 감당하기 어려운 상황에 부딪혔을 때 그 이유나 원인을 알고 싶어한다. 그게 쉽지 않을 때는 외부인이나 상대적으로 약한 집단에 책임을 전가하려는 움직임이 생긴다. 이를 '사회적 혐오'라고 한다.

그런데 이 부정적인 정서를 자기 이익을 위해 정치적으로 이용하는 세력이 있다. 약자에 대한 혐오를 부추기고 외부인에 대한 증오를 조장함으로써 책임을 회피하려는 것이다. 그 결과로 나타나는 사회적인 폭력을 흔히 '마녀사냥'이라고 부른다. 유럽에서 흑사병과 종교개혁 등으로 사회 불안이 극에 달했을 때 가난하고 사회적으로 고립된 여성을 '마녀'라고 지목해 죽이는 일이 많았기 때문이다. 간토대지진 때 일어난 조선인 학살 또한 사회적 혐오에서 비롯된 마녀사냥의 일종이었다.

1427. 3. 25.

앞줄 가운데

후세 다쓰지

布施辰治, 1880~1953

간토대지진 때 조선인을 변호한 일본의 대표적인 인권변호사다. 도쿄에서 학살이 벌어지고 있을 때 후세 변호사는 겁에 질린 100여 명의 조선인을 자기 집에 받아들여 숙식을 제공했고, 동시에 가짜뉴스를 퍼트린 계엄당국과 경찰서를 찾아가 야만적인 행위를 따져 묻기도 했다.

이 시기에 인연을 맺은 조선인 중에 박열 열사(1902~1974)가 있다. 지진이 일어나고 이틀 후인 9월 3일에 체포된 박열은 일본 천황을 폭살하려 했다는 혐의로 연인 가네코 후미코와 함께 1924년 1월 대역죄로 기소됐다. 후세 변호사는 법정에서 "조선인 학살이라는 범죄행위를 감추기 위해 조선인의 범죄를 조작해 낸 것"이라며 무죄를 주장했지만, 박열과 가네코는 1926년 3월 사형을 선고받고 열흘 후 무기로 감형됐다. 박열과 가네코는 옥중 결혼식을 진행했는데, 후세 변호사가 주선한 것이었다.

후세 변호사는 1911년에 이미 〈조선의 독립운동에 경의를 표함〉이라는 글을 발표해 일본의 대한제국 병합을 침략으로 규정하고 독립운동을 공개적으로 지지했다. 그는 박열 외에도 여러 독립운동가의 변호를 맡았다. 1919년에는 2·8 독립선언의 주동자인 최팔용와 송계백 등을 변호했고, 1924년에는 도쿄 궁성에 폭탄을 던진 의열단원 김지섭을 변호했다. 2004년 대한민국 정부로부터 일본인 최초로 '건국훈장 애족장'을 받았다.

1 간토대지진의 피해를 가장 크게 입은 도시는 어디일까?

① 도쿄   ② 삿포로

③ 고베   ④ 오사카

2 세계 최초의 사회주의 국가는 어디일까?

① 쿠바   ② 중국

③ 러시아   ④ 소련

3 형평사 운동은 어떤 사람들의 신분을 해방하기 위한 것이었을까?

① 기생   ② 노비

③ 광대   ④ 백정

4 사회적인 불안이 극에 달했을 때, 외부인이나 상대적으로 약한 집단에 책임을
   전가하려는 움직임을 무엇이라고 할까?

① 사회적 복수   ② 민주적 합의

③ 사회적 혐오   ④ 경제적 착취

5 간토대학살에서 조선인 피해자와 독립운동가를 적극적으로 변호한 일본인 인
   권변호사는 누구일까?

7년 만에 다시 울려 퍼진 '대한독립 만세!'

순종 장례일에 일어난 6·10 만세운동

1926년 4월 25일 일요일 아침 6시 10분 대한제국의 마지막 황제 순종이 창덕궁 대조전에서 53세를 일기로 세상을 떠났다. 조선총독부는 장례일이 6월 10일이라고 공표했다. 조선과 대한제국의 마지막 군주를 떠나보내는 자리에 직접 참석하자는 자발적인 모임이 곳곳에서 만들어졌다. 공립과 사립학교는 물론 야학과 청년회도 움직였다. 장례식에 참석하려고 장례일에 '동맹 휴업'을 결정한 학생도 많았다.

이 날의 만세운동은 세 갈래로 추진됐다. 첫 번째는 사회주의 계열로 '조선노동총동맹'이 중심이었다. 두 번째는 전문학생(지금의 대학생)들이었고 세 번째는 중등학교(지금의 중고등학교) 학생들이었다.

6월 10일 장례일 아침 2만 4,000여 명의 학생들이 창덕궁 돈화문에서 홍릉까지 늘어섰다. 오전 8시 30분경 순종의 상여가 종로 3가 단성사 앞을 지날 때였다. 중앙고보생 300여 명이 "조선독립 만세!"를 외치면서 시위에 나섰다. 이를 시작으로 관수교 부근과 을지로 경성사범학교 부근, 동대문 근처 등에서 학생들이 항일 독립 만세 시위를 이어갔다.

하지만 조선총독부는 1919년 3·1운동의 경험이 있었다. 경찰과 헌병은 이미 비상경계 중이었다. 시위자들은 만세를 외치자마자 연행되다시피 했다. 운동 세력 중 가장 강력했던 사회주의 운동가들은 계획이 미리 발각되는 바람에 사흘 전 체포된 상황이었다. 이런 이유로 이날 만세 시위는 7년 전처럼 전국적으로 확산되지는 못했다.

Q **1919년과 마찬가지로 왜 임금의 장례식 때 독립 만세운동이 일어났을까?**

A 전국적으로 수많은 사람이 모이는 자리는 정치적으로 매우 중요한 기회다. 독립의 뜻을 담은 메시지를 효과적으로 알릴 수 있기 때문이다. 특히 순종 같은 상징적인 인물의 장례식은 남녀노소는 물론 계급과 계층을 넘어서서 사람들을 하나로 묶어 주는 힘이 있다. 3·1운동도 그랬다. 고종의 장례를 보려고 전국에서 모여든 사람들이 비슷한 감정을 갖고 있었기 때문에 '대한독립 만세'가 순식간에 전국으로 퍼져나갈 수 있었다. 순종의 장례식도 7년 전 고종의 장례식 때와 분위기는 흡사했다. 한 가지 차이점은 고종에게는 순종이라는 후계자가 있었지만, 순종에게는 더 이상 후계자가 없다는 사실이었다. 독립운동가들이 볼 때 순종의 장례식은 다시 오기 힘든 마지막 기회였을 수 있다.

Q 6.10 만세운동이 전국적으로 퍼져나가지 못한 이유는 무엇일까?

A 6·10 만세운동은 결과적으로 실패했다. 여기저기에서 독립 만세를 외쳤지만, 7년 전처럼 수많은 사람들이 함께하는 대중운동으로는 퍼지지 못했다. 가장 큰 이유는 일본이 철저하게 대비했기 때문이다. 서울 시내 전체에 경찰과 헌병이 깔려 있었고, 장례일 며칠 전에 사회주의 및 천도교 등 주요 단체의 지도자들 200여 명을 미리 체포해 감금하는 만행도 저질렀다(이를 '예비검속'이라 부른다). 여기에는 소파 방정환 선생도 포함돼 있었다.

또 하나의 이유는 우리 민족 사회가 여러 갈래로 분화되고 있었기 때문이다. 3·1운동 때는 민족의 독립 말고는 다른 생각은 없었다. 그러나 사회주의 국가인 소련이 등장하면서 국내 독립운동 세력 중에는 소련의 사회주의를 불편하게 여기는 곳도 적지 않았다. 이렇게 독립운동 단체 내부에서도 생각이 나뉘면서 만세운동은 약해질 수밖에 없었다.

생각해 보자

1 순종 장례식에서 만세운동이 일어난 이유는 무엇일까?

2 6·10 만세운동 크게 확산되지 않은 이유는 무엇일까?

장례식 실황 상영회

만세운동은 실패했지만, 순종의 장례식이 우리 민족에게 미친 영향은 고종 때보다 더 강렬하고 컸다. 〈동아일보〉가 순종 장례식 광경을 영상으로 촬영해 영화관에서 상영회를 열었기 때문이다. 이 행사를 주최한 〈동아일보〉는 기사를 통해 "조선 사람의 가슴에 슬픔의 큰 못을 박은 이 사건을 기억 속에 머무르게 하려고 촬영반을 두 팀이나 가동했다"고 밝혔다. 상영회는 6월 15일과 16일 이틀 동안 서울, 대구, 평양, 함흥에서 동시에 열렸고, 상영회가 열릴 때마다 극장은 사람들로 미어터질 정도로 열기가 뜨거웠다. 일제가 만세운동을 막는 데는 성공했을지 몰라도 나라 잃은 슬픔과 분노의 감정이 조선 사람들 가슴에 더 깊고 넓게 퍼지는 것은 막을 수 없었다.

영화 〈아리랑〉 개봉

〈아리랑〉은 25세 나운규가 감독하고 주연까지 한 무성영화(소리가 없는 영화)였다. 새로운 이야기 방법을 적용한 것은 물론이고, 민족적인 저항의식도 잘 담아내 '작품성과 흥행성' 두 마리 토끼를 다 잡은 영화로 평가받았다. 극장은 연일 매진을 기록했다. 관객이 너무 많이 몰릴 때는 단성사 문짝이 부서지기까지 했다. 이 영화를 계기로 '아리랑'이 우리 민족에게 특별한 상징으로 자리잡았다.

영화가 바꾼 세상

고종의 장례식은 현장에서만 볼 수 있었지만 7년 뒤인 1926년의 순종 장례식은 대구, 평양, 함흥의 영화관에서도 볼 수 있었다. 불과 몇 년 사이에 영화의 시대가 활짝 열렸기 때문이다. '영화'는 1895년 프랑스의 뤼미에르 형제가 최초로 선보였다. 1910년대까지만 해도 영화는 '움직이는 사진' 정도로 받아들여졌지만 1920년대부터는 예술과 대중문화로 빠르게 성장했다.

나운규의 〈아리랑〉이 전국 영화관에서 큰 인기를 얻자 민족감정이 대중적으로 크게 증폭되는 일이 벌어졌다. 영화의 힘에 깜짝 놀란 일본은 자유로운 영화 제작을 억압하기 위해 검열 제도를 대폭 강화했다.

나운규 감독

일제는 전쟁을 시작하면서 영화를 '총알 없는 무기'라며 선전 매체로 적극 활용했다. 조선인 청년이 일본군에 지원한다는 내용의 〈지원병〉(1941년) 같은 영화가 이때 제작됐다. 전쟁 중에는 일본군의 승전 소식을 담은 짧은 영화를 만들어 징병과 황국신민화 교육에 활용했다.

김단야

1899~1938

김단야는 사회주의 계열에서 눈부신 활약을 펼친 혁명가다. 배재학교 재학 당시 3·1운동에 참가했고, 고향인 경북 김천에서도 만세운동을 주도하다가 체포돼 태형 90대의 처벌을 받기도 했다. 그해 12월 중국 상하이로 망명했다가 사회주의를 접했다. 1922년에는 박헌영, 여운형, 김규식, 이동휘 등과 함께 모스크바에서 열리는 인민대표자회의에 참석했는데, 이때 레닌을 직접 만난 뒤 사회주의자로 살아가기로 결심했다.

그해 4월 국내로 입국하다 신의주에서 체포돼 징역 1년 6월을 선고받았다. 출옥한 뒤 박헌영 등과 함께 〈조선일보〉 기자로 활동했다. 기자 시절 '레닌 회견 인상기'를 실어 주목을 받기도 했다. 그는 기자로 일하면서도 공산주의 운동을 하는 '화요파'에 적극 참여했고, 1925년에 '조선공산당'을 창당했다. 하지만 일제는 곧바로 공산당을 탄압했다. 〈조선일보〉는 총독부의 압력에 굴복해 김단야와 박헌영을 해직시켰다. 김단야는 검거를 피해 상하이로 다시 망명했고, 그곳에서 조선공산당 기관지 〈불꽃〉의 주필로 활동했다.

이듬해 4월 순종의 사망 소식을 듣고 김단야는 곧바로 '상중에 엎드려 곡하는 민중에게 외침'이라는 제목의 격문을 만들어 국내로 보냈다. 6·10 만세운동을 기획하는 데도 깊이 관여했다. 1929년 모스크바에 있는 국제레닌대학을 졸업한 뒤 상하이에서 조선공산당 재건 업무에 매달렸지만 일제 수사망을 피해 소련으로 다시 피신했다. 그의 최후는 비극이었다. 소련에 사는 조선인을 위해 교육자료를 만들다가 느닷없이 일제의 밀정이란 혐의를 받고 소련 경찰에 체포됐다. 그는 변호사의 도움도 받지 못한 채 군사법정에서 1급 밀정으로 판결받아 1938년 2월 처형되고 말았다. 대한민국 정부는 2005년 그를 사회주의 독립운동가로 평가해 '건국훈장 독립장'을 추서했다.

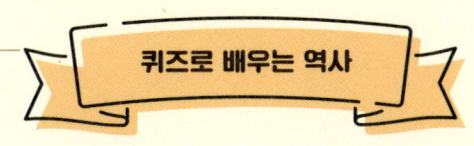

1   6·10 만세운동은 누구의 장례일에 일어났을까?

    ① 세종   ② 고종

    ③ 순종   ④ 이토 히로부미

2   김단야가 1925년에 설립한 정당 이름은 무엇일까?

    ① 한민당   ② 조선공산당

    ③ 민주정의당   ④ 자유민주당

3   순종의 장례식을 영상으로 촬영해 극장에서 상영한 신문사는 어디일까?

    ① 동아일보   ② 조선일보

    ③ 대한매일신문   ④ 조선중앙신문

4   1926년 서울 단성사에서 개봉해 전국에서 사랑받은 영화는 무엇일까?

    ① 의리적 구토   ② 벙어리 삼룡

    ③ 춘향전   ④ 아리랑

5   사회주의 혁명가로 상하이에서 6·10 만세운동에 사용할 격문을 보낸 사람은 누구일까?

일제에 맞선 학생들의 용기와 저항

11·3 광주학생항일운동

1929년 10월 30일 광주에서 나주로 가는 통학열차에서 일본인 남학생이 조선인 여학생의 **댕기**를 잡아당기며 희롱하는 사건이 벌어졌다. 조선인 남학생이 항의하는 과정에서 난투극이 벌어졌다. 경찰은 일방적으로 일본인 학생 편을 들었고, 신문에도 조선인 학생들만 비난하는 기사가 실렸다.

나흘 뒤 11월 3일은 일요일이었지만 메이지 천황 기념일 때문에 전교생이 등교해야 했다. 광주고등보통학교 학생들은 기념식에서 일본의 국가인 기미가요를 따라 부르지 않고 **신사참배**까지 거부했다. 하굣길에는 나흘 전 난투극 사건에서 일방적으로 일본인 학생 편을 든 신문사를 찾아가 항의했다.

광주 시내에서 조선인 학생과 일본인 학생 사이에 큰 충돌이 일어났다. 교사들이 말려 해산했지만 조선인 학생들은 오후에 다시 거리로 나섰다. 광주 시내 다른 학교들도 가담했다. 광주 시민들도 참여하면서 시위 규모가 3만 명에 달했다. 경찰은 조선인 학생 75명을 체포했다.

구속된 학생들이 1주일이 지나도 돌아오지 않자, 광주 학생들은 인쇄물을 만들어 시위를 벌였고 일본 경찰은 학생 수백 명을 체포했다. 서울의 경신학교, 보성고보, 중앙고보, 휘문고보 등을 시작으로 전국으로 퍼져나갔고, 광주 학생의 무조건 석방과 관계자 처벌을 요구하는 동맹휴학이 일어났다.

학생들의 항일운동은 1930년 5월까지 이어졌으며 참가한 학생 수는 6만 명을 헤아렸다. 1919년 3·1운동 이후 최대 규모의 항일 독립운동이었다.

댕기 : 길게 땋은 머리의 끝에 드리는 장식용 헝겊이나 끈

신사참배 : 일제 강점기에 우리의 종교와 사상 자유를 억압하기 위해 신사에 절하며 예를 표하도록 강요하던 일

Q 광주 학생들의 항일운동이 어떻게 전국으로 널리 퍼질 수 있었을까?

A 식민지 지배에 자신감이 생긴 일제는 교육제도를 일본인 중심으로 바꾸었다. 조선인이 고등교육을 받을 기회를 크게 줄이고, 일본어와 일본 역사 교육을 확대했으며, 문제가 생기면 조선인 학생들만 가혹하게 조치했다. 학생들은 부당한 조치가 있을 때마다 '동맹휴학'으로 대응했다.

광주학생항일운동이 일어나기 전인 1928년에도 전국에서 83건의 동맹휴학이 있었다. 이처럼 전국의 학생들은 비슷한 불만을 가지고 있었다.

또 하나는 6·10 만세운동의 실패 이후 독립운동 세력이 신간회를 중심으로 통합조직을 꾸렸다는 점이다. 1926년 말 민족주의 세력과 사회주의 세력을 통합하자는 반성이 일어났다. 그 결과 '신간회'가 만들어졌다. 광주학생항일운동 소식도 신간회를 통해 전국으로 빠르게 전파됐다. 여성 운동계도 무시할 수 없는 역할을 했다. 여성계 지도자 허정숙은 광주 소식을 듣자마자 이화여전, 배화여고보 등을 찾아다니며 사건을 알렸고, 주변 남학교들과 연대한 동맹휴학을 적극적으로 지원했다.

Q 나주역 희롱 사건이 광주 지역에서 큰 시위로 번진 이유는 무엇일까?

A 광주에는 학생들 사이에 이미 항일 문제를 고민하는 모임이 있었다. 사건 발생 3년 전, 6·10 만세운동의 영향으로 광주고보와 광주농업학교 학생들 중심으로 '성진회'라는 비밀결사 조직이 만들어졌다. 이듬해 자진 해산했지만, 모임의 리더 장재성은 졸업 후 일본 유학 중에도 고향에 들러 각 학교별로 '독서회'를 조직했다. 1929년 6월 그는 유학을 중단하고 귀국해 기존 학교별 독서회를 연계하는 중앙본부까지 세웠다. 어디서 누군가가 방아쇠만 당기면 언제든지 학생들 중심으로 항일운동이 일어날 수 있는 기반이 마련되었던 것이다. 그 방아쇠가 바로 나주역에서 일어난 사건이었다.

생각해 보자

1 학생들이 일제의 부당한 대우에 맞서 동맹휴학을 택한 이유는 무엇일까?

2 최초의 좌우합작 단체인 신간회가 오랫동안 지속되었다면 어떤 변화가 있었을까?

신간회 조직

신간회는 1927년 2월 15일에 사회주의와 민족주의 세력이 연대해서 창립한 항일단체로, 최초의 좌우합작 사례라고 말할 수 있다. '신간'은 '새로운 줄기'라는 뜻이다. 신간회는 '민족단일당 민족협동전선'이라는 표어 아래 조선 민족운동의 대표단체로 발족됐다. 사회주의계는 물론 기독교계, 비타협 민족주의계, 기타 종교계 등이 참여했다. 전국 각지는 물론 해외까지 지부를 뒀고, 회원 수는 4만 명에 이르렀다. 내부에서는 좌우익 사이의 갈등이 있었지만 민족적, 정치적, 경제적 예속에서 탈피하고, 언론·집회·결사·출판의 자유를 쟁취하며, 청소년운동, 여성운동, 형평운동을 지원하는 등 1920년대 말 국내 독립운동의 중요한 역할을 했다. 신간회는 1931년 5월 해체됐다.

연쇄적인 동맹휴학

동맹휴학이란 학생들이 교육이나 정치적인 요구를 관철하기 위해 집단으로 벌이는 저항운동 중 하나다. 일제 강점기에는 항일 민족운동의 대표적인 방법으로 각급 학교에서 활발하게 전개됐다. 1920년대 들어 식민지 교육은 노골적으로 조선인 학생들을 차별했다. 동맹휴학은 일제 식민지 노예 교육에 대한 규탄, 조선총독부에 대한 비판으로 확대됐고, 궁극적으로 민족의 독립을 외치는 민족운동 성격이 강했다. 1921년에 33건이었던 동맹휴학은 광주 학생항일운동이 전국에 알려진 1930년에는 무려 107건으로 크게 늘었다.

'보통교육'의 의미

보통교육은 재산이나 신분 등에 상관없이 누구나 받을 수 있게 한 공교육을 말한다. 주로 읽기, 쓰기, 셈하기, 도덕 등 사회를 살아가는 데 필요한 기본 소양을 가르친다. 지금은 당연한 일이지만, 조선시대만 해도 특정 계층 이상이 되어야 서당 같은 데서 글을 배울 수 있었다. 그런데 일본이 식민 지배를 시작하면서 보통교육 제도를 시행한 이유는 무엇일까? 조선 어린이에게 밝은 미래를 안겨 주고 싶어서였을까? 아니다. 그들의 관심사는 조선 아이들을 일본에 충성하는 '착한 일본인'으로 키우는 것이었다.

일제가 세운 보통학교에서 배우는 국어는 일본어였고, 국사는 일본 역사였다. 그런데 보통학교를 졸업했다고 해서 모두가 일제가 기대하는 착한 일본인이 되지는 않았다. 보통교육을 통해 안목을 키운 학생들은 오히려 일제의 부당한 억압과 차별을 깨달았다. 조선의 청소년들은 학교의 부당한 결정에 힘을 합쳐서 저항하는 '학생운동'의 전통을 만들어냈다.

일제 강점기의
보통학교

장재성

1908~1950

광주고등보통학교에 재학 중이던 장재성은 광주 학생항일운동이 있기 3년 전인 1926년 사회과학 연구모임 '성진회'를 만든 주요 인물 중 하나였다. 이듬해 광주고보를 졸업하고 일본 도쿄에 있는 주오대학 예과에 입학했지만 방학 때마다 광주에 돌아와 후배들과 사회과학 서적을 함께 읽으며 '독서회'를 조직했다. 1929년 6월 일본 유학을 중단한 그는 각 학교의 독서회를 연결하는 비밀 조직인 '독서회 중앙본부'를 세웠다. 그해 11월 3일 광주고보생들 중심으로 1차 항일 시위가 일어나자 장재성은 독서회 중앙본부를 통해 본격적으로 움직이기 시작했다.

그는 처음부터 이 시위를 광주 전체는 물론 전국적인 운동으로 확대할 계획을 가지고 있었다. 독서회 조직을 통해 각 학교에서 동시에 시위를 일으키자는 뜻을 모았다. 2차 시위가 있을 때 학생 시위대가 "식민지적 노예교육을 철폐하라", "일본 제국주의를 타도하자", "피압박 민족 만세" 등의 구호를 외친 것은 우연이 아니었다. 2차 시위가 진압되는 과정에서 장재성은 260여 명의 학생들과 함께 구속됐다. 광주지방법원에서 7년 형을, 대구 항소심법원에서 4년 형을 선고받았는데, 같이 구속된 사람들 중 가장 많은 형량이었다.

해방 직후에는 광주 건국준비위원회에 조직부장으로 참여했다. 그해 12월에는 광주청년동맹을 조직하고 의장으로 활동했다. 장재성은 1948년 남한만 치르는 총선거에 반대했는데 이 과정에 북한에 다녀온 것이 훗날 빌미가 됐다. 1949년 7월 일본을 거쳐 귀국했을 때 남한 당국은 그를 체포해 좌익으로 규정한 뒤 7년 형을 선고했다. 일제 때 받은 형량보다 3년이나 많았다. 6·25 전쟁 초기에 후퇴하던 이승만 정부는 교도소에 수감된 좌익 인사를 모두 처형하라는 지시를 내렸는데 이때 장재성의 삶도 막을 내렸다.

1 일본 학생이 조선인 여학생을 희롱한 것으로 싸움이 일어난 곳은 어디일까?

① 서울역　　　　　　　　② 부산역

③ 나주역　　　　　　　　④ 광주역

2 1926년 광주 학생들이 만든 사회과학 연구모임의 이름은 무엇일까?

① 성민회　　　　　　　　② 성진회

③ 민진회　　　　　　　　④ 독서회

3 우리나라 최초의 좌우합작 단체로 광주학생항일운동을 전국에 알린 단체는 무엇일까?

① 신간회　　　　　　　　② 신한청년당

③ 조선청년총동맹　　　　④ 형평사

4 학생들이 교육이나 정치적인 요구를 관철하려고 벌이는 저항운동을 무엇이라 부를까?

① 동맹휴학　　　　　　　② 동맹휴업

③ 동맹결석　　　　　　　④ 총파업

5 1926년 '성진회'를 만들었고, 1929년 광주학생항일운동이 전국으로 퍼지는 데 크게 기여한 사람은 누구일까?

만주를 점령한 일본 관동군

1931년 만주사변

일본의 관동군은 1931년 9월 18일 만주 지역 전체를 장악하기 위한 전투 '만주사변'을 일으켰다. 밤 10시 20분 류탸오후 지역을 통과하는 남만주 철도가 폭파된 '류탸오후 사건'이 신호탄이었다. 일본은 이 사건을 중국 동북군이 일으켰기 때문에 이를 응징하기 위해 전투를 벌일 수밖에 없었다고 주장했지만, 실제는 일본 관동군이 벌인 자작극으로 밝혀졌다.

일본은 원래 만주 전체를 점령할 계획은 없었다. 러일전쟁에서 승리한 후 남만주철도 운영권을 뺏어왔고, 랴오둥반도에 <mark>조차지</mark>까지 확보했기 때문에 경제적으로 얼마든지 수탈할 수 있는 구조였다. 중국 군벌 중에 봉천파와 내통하면서 안전 문제도 해결했다. 그런데 1920년대 중반부터 봉천파가 장제스의 국민혁명군에 밀리기 시작했다. 더 이상 사용 가치가 없다고 판단한 관동군은 봉천파 지도자인 장쭤린을 암살했고, 그의 아들 장쉐량은 장제스 부대에 합류하면서 일본과 적대적인 관계가 됐다. 게다가 미국발 <mark>경제 대공황</mark>으로 만주의 철도와 광산 수익이 급감하자 관동군 내부에서 만주 전체를 아예 차지하자는 세력이 힘을 얻게 된 것이다.

관동군은 일본 정부의 지시도 받지 않고 일방적으로 움직였다. 일본 정부는 전투가 시작된 지 나흘 뒤에야 사태를 파악하고 확전하지 말라는 지시를 내렸다. 그러나 관동군은 아랑곳하지 않고 전선을 확대했다. 1932년 1월 만주 전역을 장악한 관동군은 3월에 청나라의 마지막 황제 푸이를 국가원수로 하는 가짜 나라(괴뢰국) '만주국'을 세웠다. 국제사회는 일본의 행동을 일제히 비난했다. 국제연맹은 1933년 2월 일본의 철병을 공식 요구했지만 일본은 이를 거부하고 국제연맹을 아예 탈퇴해 버렸다.

주요 단어

조차지 : 일정 기간 통치권을 갖는 지역

경제 대공황 : 1929년 미국을 중심으로 발생한 세계적인 경제 공
황. 금융 시장의 혼란과 대규모 실직 사태가 일어나
당시 서구 자본주의 사회 체계를 뒤흔든 사건

Q 일본은 왜 만주를 무력으로 점령했을까?

A 먼저 1929년 10월에 터진 미국의 대공황을 이해해야 한다. 대공황으로 세계 경제가 늪에 빠질 때 일본도 큰 타격을 입었다. 일본은 미국에 비단과 면직물 등을 수출하고 석유를 수입했다. 대공황 때문에 수출이 반토막이 나자, 많은 공장 노동자가 해고됐고, 농촌은 딸을 팔아야 할 정도로 심각한 가난에 빠졌다. 새로운 총리 하마구치 오사치가 집권하면서 여러 가지

일본 관동군

정책을 펼쳤지만, 결과는 성공적이지 못했다. 1930년 11월에는 하마구치 총리가 극우파 청년에게 총격을 당하고 자리에서 물러나는 사건까지 벌어졌다. 사회에는 "이대로는 안 된다. 정치인들이 너무 나약하다"는 의견이 들끓었다. 이때 일본 육군사관학교 출신 젊은 장교들이 "우리가 직접 나서야 한다"고 주장하기 시작했다. 군인들이 생각하기에 경제 문제를 해결할 수 있는 가장 효과적인 방법은 식민지를 새로 개척하는 것이었다. 가장 가까우면서도 군사적으로도 쉽게 장악할 수 있는 지역이 바로 만주였다.

Q 만주의 관동군은 왜 일본 정부의 지시를 따르지 않았을까?

A 만주 침략과 만주국을 설립하는 과정에서 일본 정부는 지시하기는 커녕 관동군이 저지른 일을 뒤쫓아가며 승인하는 역할밖에 하지 못했다. 일본 군인들은 정부 눈치를 보지 않고 거의 독단적으로 움직였다. 어떻게 이것이 가능했을까? 일본은 메이지 유신 이후 국가를 만들면서 군대를 정부가 아니라 천황의 지휘를 받는 체제로 만들었다. 당시 헌법에도 군통수권이 정부가 아닌 천황에 속한다고 명시되어 있었다.

그래서 일본군 내부에 처음부터 하극상에 가까운 묘한 문화가 존재했다. '국가와 천황을 위한 것이라면 상관의 명령을 따르지 않아도 된다'는 생각이 바탕에 깔려 있었다. 이미 러일전쟁 때부터 상부 명령 없이 돌격해 승리한 장교가 오히려 영웅 대접을 받고 승진하는 사례가 있었다. 게다가 하마구치 총리 피격 사건 이후 일본 정치권은 더 무기력해졌다. 일본 국민도 '힘센 군인들이 나라를 구해줄 것'이라는 기대를 품고 있었다. 이런 분위기 속에서 만주에 주둔하던 관동군은 '우리가 만주를 차지해야 일본도 살고, 천황에게도 충성하는 것'이라는 신념을 갖게 된 것이다.

생각해 보자

1 일본이 무력을 동원해 만주를 차지한 이유는 무엇일까?

2 일본에서 군국주의는 어떻게 생겨났을까?

만보산 사건

만주 지린성 만보산 지역에서 수로 공사 문제로 조선인 농민과 중국인 농민 사이에 싸움이 벌어졌다. 일본 경찰이 충돌했지만 다친 사람 없이 무마되는 듯했다. 그런데 일본 영사관이 이 사건을 과장해 허위로 보도하도록 유도했다. 〈조선일보〉를 통해 '중국 농민과 조선 농민이 충돌해 많은 조선인이 피살됐다'는 내용이었다. 이 보도를 계기로 국내에서 중국인 배척 운동이 대대적으로 일어났다. 일본은 만주 내 조선인 농민을 지키기 위해 출병해야 한다고 주장했고, 두 달 뒤 실제로 사변을 일으켰다.

일본 총리 피격 사건

하마구치 오사치 총리는 군비를 줄이고 국제사회와 협력을 강화해서 경제 난국을 헤쳐 나가야 한다고 생각했다. 일본 군부는 "총리가 나라를 팔아먹었다!"고 분노했다. 1930년 11월 14일 하마구치 총리가 도쿄역에서 열차를 타려는 순간 한 민족주의 청년이 권총으로 그를 저격했고 1년 반 뒤에 결국 사망했다. 군부가 정치권 눈치를 더 이상 보지 않게 되면서 일본 정치는 군국주의를 향해 폭주하기 시작했다.

국제연맹 탈퇴

만주사변과 만주국 설립 과정을 지켜본 국제연맹은 1933년 2월에 열린 특별 총회에서 일본군의 철수를 권고하는 결의안을 채택했다. 만주국을 합법 국가로 인정할 수 없고 예전 상태로 복귀시켜야 한다는 내용도 담았다. 중국은 이 결의안을 받아들였지만 일본은 결의안이 채택되자 연맹에서 탈퇴했다.

대공황의 사생아 전체주의

경제적 생산액이 줄고, 소비와 투자는 위축되며, 실업자와 문 닫는 기업 숫자가 많아지는 상황을 '불황'이라고 한다. 불황이 공포스러울 정도로 심각할 때 '공황'이라 부르고, 그 규모가 전 세계 경제를 뒤흔들 정도로 막대하면 '대공황'이라는 이름을 붙인다.

1929년 10월 24일 미국 뉴욕에서 주가 폭락으로 시작된 대공황은 1930년대 세계 경제를 뿌리째 뒤흔들었다. 그 결과, 이탈리아에서는 무솔리니가 이끄는 파시즘이, 독일에서는 히틀러가 이끄는 나치즘이, 일본에서는 도조 히데키가 이끄는 군국주의가 태어났다. 이 모두를 묶어서 '전체주의'라고 부르는데, 제2차 세계대전을 일으킨 직접적인 원인이 됐다. 전체주의는 국가가 사회 전체를 통제하면서 전면적으로 지배하는 정치체제를 말한다. 개인의 자유와 권리는 말살되고, 사상과 언론의 자유도 허용되지 않는다. 국가 시책에 반대하면 박해하거나 숙청했고, 규모가 커지면 대량 학살도 서슴지 않았다. 독일 나치즘 체제에서는 600만 명이 넘는 유대인이 학살됐다.

이회영

1867~1932

앞줄 오른쪽

이회영은 대한제국의 교육자이자 사상가이며 일제 강점기 동안에는 아나키스트(무정부주의자) 계열의 독립운동가로 활동했다. 그는 대한제국이 일본에 병합됐을 때 여섯 형제와 함께 모든 재산을 정리한 후 만주로 떠난 것으로 유명하다. 당시 서울 시내에 수십 채의 집을 소유할 정도로 부자였는데, 그 재산을 모두 독립운동에 쓰기로 결심한 것이다. 재산 대부분은 독립군 양성기관인 신흥무관학교를 설립하고 운영하는 데 쓰였다.

만주에 대한 일제의 압박이 커지면서 신흥무관학교는 1920년에 폐교할 수밖에 없었다. 이회영은 상하이로 피신해 아나키즘에 심취했다. 이 시기 이회영이 접한 아나키즘은 단순히 정부를 인정하지 않는다는 사상이 아니었다. 오히려 국가라는 압도적인 폭력단체에 맞서기 위해 자유로운 사람들이 저항적인 공동체를 꾸려서 맞서야 한다는 실천적인 사상이었다. 그는 1928년에 재중국조선무정부공산주의자연맹, 1931년에는 항일구국연맹 등을 창설하며 국내외 독립운동 단체들과 연대를 도모했다. 일제가 만주사변을 일으켰다는 소식을 듣고 '흑색공포단'을 조직해 일본 관련 주요 시설의 파괴와 주요 인사 암살을 지휘했다. 그러다가 1932년 11월 다롄 항구에서 조선인의 밀고로 체포되고 말았다.

일본 영사관 감옥에서 혹독한 고문을 이기지 못한 이회영은 11월 17일 65세의 나이로 숨을 거뒀다. 이회영의 바로 아래 동생인 이시영만이 광복을 맞이했고, 대한민국 정부 수립 후 초대 부통령을 지냈다.

1 정부의 지시도 받지 않고 만주 지역을 침략한 일본 군대의 이름은 무엇일까?

　　① 관동군　　　　　　　② 관서군

　　③ 봉천군　　　　　　　④ 영서군

2 만주에서 중국인 농부와 조선인 농부 사이에 갈등이 생겼던 지역은 어디일까?

　　① 보문산　　　　　　　② 설악산

　　③ 천보산　　　　　　　④ 만보산

3 일본의 만주 지배를 비난하면서 원상 복귀시키라는 내용의 결의안을 채택한
　　국제기구는 어디일까?

　　① 국제연맹　　　　　　② 유네스코

　　③ 국제연합　　　　　　④ 유럽연합

4 독립운동가 이회영 선생이 중국 상하이에서 심취한 사상은 무엇일까?

　　① 자본주의　　　　　　② 무정부주의

　　③ 민주주의　　　　　　④ 공산주의

5 일본 관동군이 만주 지역에 세운 가짜 나라 이름은 무엇일까?

중국의 100만 대군도 못한 일을 해내다

윤봉길의 훙커우 공원 의거

1932년 4월 29일 오전 11시 40분 중국 상하이 훙커우 공원에서 폭파 사건이 일어나 일본의 관동군 총사령관 시라카와 요시노리와 상하이 일본 거류민 단장 가와바타 사다지가 사망하고 5명이 중상을 입었다. 이곳에서는 이른 아침부터 일본 천황의 생일축하연과 함께 '상하이 점령 **전승** 기념행사'가 열리고 있었다.

기념식 단상을 향해 폭탄을 던진 인물은 24세의 조선인 청년 윤봉길이었다. 그는 삼엄한 감시망을 피해 훙커우 공원에 무사히 도착했고, 유창한 일본어로 신분을 숨기면서 최대한 단상 가까이에 자리 잡았다. 생일축하연이 끝난 뒤 중국인 외교관과 내빈들이 돌아가고 일본인만 남았을 때 비로소 일본 상하이교민회가 주최하는 상하이 점령 전승 기념행사가 시작됐다.

일본 국가인 기미가요가 울려 퍼진 뒤 모두 고개 숙여 묵념할 때 윤봉길이 민첩한 몸놀림으로 단상 앞 5m 거리까지 접근해 폭탄이 담긴 물통을 힘차게 내던졌다. 물통 폭탄은 정확하게 단상 위 시라카와 대장과 노무라 중장 사이에 떨어지면서 폭발했다. 임무를 완수한 윤봉길은 남은 폭탄으로 자결하려 했지만 급하게 달려온 일본 헌병들에게 제압 당해 뜻을 이루지 못하고 체포되고 말았다. 윤봉길은 1931년 겨울 대한민국 임시정부의 **국무령**인 김구를 찾아가 그가 주도하는 '한인애국단'에 가입했다. 한인애국단은 만보산 사건과 만주사변에서 드러난 일제의 노골적인 침략의지에 대응하기 위해 조직된 특무부대였다.

주요 단어

전승 : 싸움에서 이김

국무령 : 국무령제의 우두머리. 임시정부는 1926년 대통령제를 폐
지하고 국무령제를 채택함

Q 홍커우 공원 폭파 사건은 어떤 과정을 거쳐 이루어졌을까?

A 만주사변으로 일본은 조선뿐만 아니라 중국과 아시아 전체를 무력으로 침공하겠다는 야욕을 드러냈다. 그런데 중국에서 활동하는 독립운동 단체들은 고립된 상태에 있었다. 만보산 사건 이후 중국인의 지원과 협조가 끊어졌고, 심지어 조선인을 일본 스파이로 보는 시선까지 생겨났다. 대한민국 임시정부는 이 문제를 타개하기 위해 특무부대인 '한인애국단'을 조직하고 김구를 단장으로 세운 뒤 본격적인 '의열투쟁'에 돌입했다. '의열'은 '의로운 열정'이라는 뜻인데, 실제 목숨을 걸고 싸우는 활동을 뜻한다.

첫 번째 활동은 1932년 1월 8일 단원 이봉창이 일본 도쿄에서 일본 천황을 저격하는 것이었는데 폭탄 성능이 미비해 실패했다. 3월에는 홍커우 부둣가에 정박한 일본 군함 이즈모호를 폭파하려다가 잠수부의 미숙함으로 또 실패했다. 김구 단장은 홍커우 기념식 정보를 입수한 뒤 다시 폭파계획을 세웠고 여기에 윤봉길이 자원한 것이다. 김구는 사건이 있기 사흘 전인 4월 26일에 임시정부 국무회의를 소집해 거사 계획을 보고하고 최종 승인을 받았다. 이날 윤봉길은 김구를 만나 한인애국단에 공식 가입하고 혈서로 입단 선서문을 썼다. 이튿날 양복을 입고 상반신을 찍은 개인 사진과 태극기를 배경으로 선서문을 가슴에 달고 왼손에 폭탄, 오른손에 권총을 든 사진 그리고 김구 단장과 함께 찍은 사진까지 총 3장의 사진을 남겼다.

Q 홍커우 공원 폭파 사건은 전 세계에 어떤 영향을 미쳤을까?

A 홍커우 공원 폭파 사건은 전 세계 언론이 주목하는 대형 뉴스였다. 사건이 일어난 지 2시간도 안 되어 전 세계에 알려졌다. 각국의 주요 신문들이 1면에 이 소식을 전하며 대대적으로 보도했다. 프랑스 일간지 〈르 프티 파리지앵〉의 상하이 특파원이었던 조르주 모레스트 기자는 실제 홍커우 공원 행사를 직접 취재한 인물이다. 그는 사건 당시를 "갑자기 큰 폭발음이 들렸는데 우리는 축포의 첫발인 줄 알았다. 그런데 연단 주위의 사람들이 중심을 잃었다. 한 사진사가 사진기를 두 손에 든 채 얼굴이 피범벅이 돼 있었다."라고 표현했다.

한일 관계를 잘 모르는 서방 언론들은 테러 사건으로 묘사했지만, 〈르 피가로〉 같은 진보적인 언론은 윤 의사를 '혁명가'로 표현했다. 윤봉길 의사의 의거는 만보산 사건 때문에 나빠졌던 조선과 중국의 사이를 다시 가깝게 만드는 전환점이 됐다. 국민당 총통으로 일본의 침략에 대응하던 장제스는 윤봉길 의거 소식을 듣고 "100만 명이 넘는 중국의 대군도 못한 일을 조선인 청년 윤봉길이 해내다니 정말 대단하다"며 감탄했다.

이 사건을 계기로 중국 정부는 대한민국 임시정부에 지원을 아끼지 않았고 임시정부는 이후 본격적으로 광복군 창설에 나섰다.

수리조합 반대운동

일본은 식민지 농업수탈을 위해 '산미증식계획'을 시행했다. 일본은 '수리조합'을 만들어 토지를 개량했는데, 이때 조선 농민 대다수가 배제되면서 가난한 소작농으로 전락했다. 수리조합은 과도한 소작료를 청구해 크게 반발을 샀다. 수리조합 반대운동은 전국 방방곡곡에서 일어났고 조선 농민 3명이 목숨을 잃는 사건도 발생했는데, 이 사건을 목격한 윤봉길은 일본에 직접 항거하기로 결심하게 된다.

이봉창 도쿄 의거

한인애국단 초대 단원인 이봉창은 '일본 천황을 사살하라'는 명령을 받고 도쿄로 향했다. 당시 일본은 경호를 위해 천황의 마차를 두 대로 운영하고 있었다. 1932년 1월 8일 오전 11시 44분 마차 행렬이 경시청 정문을 지날 때 이봉창은 두 번째 마차를 향해 폭탄을 던졌다. 안타깝게도 그 마차에는 천황이 타고 있지 않았다. 당시 경찰이 엉뚱한 사람을 체포하려 하자 이봉창이 손을 들고 자기가 한 일이라고 밝힌 뒤 끌려갔다. 이봉창은 대역죄 명목으로 사형을 선고받고 그해 10월 10일 교수형으로 순국했다.

의열투쟁의 계보

의열(義烈)은 '의로운 열정'이란 뜻으로, 자기 목숨을 걸고 독립을 위해 투쟁하는 활동을 말한다. 주로 한 사람이나 극소수 몇 사람이 극비리에 총과 폭탄 같은 무기를 사용해 주어진 임무를 수행한다. 안중근 의사는 우리나라 독립운동사에서 의열투쟁 방식을 개척한 인물로 평가받는다. 이토 히로부미를 사살한 후 안 의사는 일본 재판정에서 "이토가 한일 간 친선을 저해하고 동양 평화를 어지럽힌 장본인이어서 '의병 중장'의 자격으로 죽였지 결코 '자객'으로 죽이지 않았다"고 일관되게 주장했다. 군인의 자격으로 적국 지도자를 죽였으니 자신을 '국제 공법'에 따라 '포로'로 취급하라고 일본 측에 요구한 것이다. 이처럼 당당한 의열투쟁은 김원봉이 창립한 '의열단'으로 이어졌다. 의열단은 1923년 〈조선혁명선언〉을 발표하면서 "폭력은 우리 혁명의 유일한 무기"라고 선언하며 일제를 향해 암살, 파괴, 폭동의 수단을 동원하겠다고 밝혔다. 김원봉의 의열투쟁 전통은 만주사변 이후 김구가 이끄는 '한인애국단'으로 이어졌다.

생각해 보자

1 대한민국 임시정부가 특무부대인 한인애국단을 만든 이유는 무엇일까?

2 중국의 장제스가 윤봉길 의사에게 감탄한 이유는 무엇일까?

윤봉길

1908~1932

윤봉길은 충청남도 덕산군(지금의 예산군)에서 태어났다. 덕산보통학교에 입학했지만 3·1운동에 감동받아 식민지 노예교육을 배격하겠다면서 학교를 자퇴했다. 최병대, 성주록 선생 밑에서 한학을 배우다가 1926년부터 농민계몽과 농촌 부흥운동 그리고 독서회 운동 등으로 농촌 부흥에 힘을 쏟았다. 1927년에는 직접 《농민독본》이란 책을 써서 보급하기도 했고, 야학회를 조직해 마을에서 어렵게 사는 청소년을 가르치기도 했다. 1929년 2월 농촌 계몽운동의 본부 역할을 할 '부흥원'을 세운 기념으로 학예회를 개최했는데, 이때 연극 '토끼와 여우'를 공연했다가 내용이 문제가 되어 일본 경찰에 불려 가 조사받은 일이 있다. 하지만 윤봉길은 주눅 들지 않고 지역 농민들을 규합해 '월진회'를 조직하면서 독립운동의 기반을 다지고자 했다.

1929년 함흥에서 일어난 수리조합운동에서 조합 측 일본인이 조선 농민 3명을 살해했다는 소식이 알려졌다. 윤봉길은 온건한 계몽운동보다는 당장 판세를 바꿀 강력한 항일투쟁이 필요하다고 느꼈다. 1930년 3월 6일 윤봉길은 '장부가 집을 나가 살아서 돌아오지 않겠다'는 편지를 가족에게 남기고 만주로 떠났다. 도중에 미행하던 일본 경찰에 발각되어 45일간 옥고를 치르기도 했다. 중국 다롄과 칭다오를 거쳐 대한민국 임시정부가 있는 상하이에 도착한 건 1931년 5월이었다.

윤봉길은 상하이 한국 교민단에 들어가면서 처음으로 김구 선생을 만났다. 생계를 위해 인삼 장사를 하다가 종품공장(말 갈기로 모자를 만드는 곳)에 취직했다. 그 사이 일본은 만주사변을 일으키고 만주국이라는 가짜 나라까지 세웠다. 윤봉길은 매주 한 번씩 김구 선생이 공장을 방문할 때마다 동료들과 함께 모여 시국 문제를 토론했다. 이봉창의 의거가 실패한 소식을 듣고 얼마 안 있어 1932년 일본군이 상하이를 점령하자, 훙커우 공원 폭파 임무에 자원했다.

1   폭파 사건이 일어난 훙커우 공원은 중국의 어느 도시에 있을까?

    ① 베이징   ② 하얼빈

    ③ 광저우   ④ 상하이

2   이봉창 의사가 일본 도쿄에서 폭탄으로 사살하려고 한 사람은 누구일까?

    ① 일본 천황   ② 일본군 사령관

    ③ 일본 총리   ④ 도쿄 경시청장

3   일본이 쌀생산 증진을 위한 토지개량 사업을 주도하려고 만든 것은 무엇일까?

    ① 협동조합   ② 수리조합

    ③ 금융조합   ④ 산림조합

4   "100만 명이 넘는 중국 대군도 못한 일을 해냈다"며 윤봉길을 극찬한 중국 국
   민당 총통은 누구일까?

    ① 마우쩌둥   ② 루쉰

    ③ 장제스   ④ 쑨원

5   대한민국 임시정부가 일본 군국주의에 대응하려고 1931년에 만든 특무부대
   이름은 무엇일까?

조선이 세계를 이겼다
손기정의 베를린올림픽 금메달

1936년 8월 9일 비 내리는 일요일 밤 11시 서울 종로 〈동아일보〉 사옥 앞, 스피커를 통해 흘러나오는 라디오 방송을 듣기 위해 수백 명이 모여 있었다. 손기정과 남승룡 선수가 출전한 독일 **베를린올림픽** 마라톤 경기가 곧 열릴 예정이었기 때문이다.

베를린은 섭씨 30도가 넘는 더운 날씨였다. 손기정은 56명 중 22번째로 메인스타디움을 빠져나가 베를린 시내를 달렸다. 6km 지날 즈음 선두 그룹이 형성됐는데, 거기에 손기정 선수도 포함돼 있었다. 초반 선두는 4년 전 LA 올림픽에서 우승한 아르헨티나의 자바라 선수였다.

밤 12시가 되자 라디오 방송이 중단됐다. 당시 기술로는 생방송을 1시간밖에 중계하지 못했기 때문이다. 하지만 사람들은 비를 맞으면서도 자리를 떠나지 않았다. 체육부 **이길용** 기자는 베를린 소식을 전하기 위해 전화기를 돌리기 시작했다. 0시 40분, 31km 지점을 달리고 있는데 손기정 앞에 아무도 없다는 소식이 전해졌다. 전 대회 우승자 자바라는 이미 경기를 포기했다고 했다. 시간이 흘러 새벽 1시 30분. 2층 창문으로 여자 아나운서가 나타나더니 사람들을 향해 이렇게 외쳤다.

"손기정 선수가 일착으로 골인해 우승했습니다!"

사람들은 일제히 양손을 벌려 하늘을 향해 힘차게 뻗었다. "만세, 만세, 손기정 군 만세!" 조금 뒤 아나운서가 다시 창문에 나타났다. "남승룡 선수는 3등으로 들어왔습니다!" 만세 소리가 반복되는가 싶더니 어느새 "조선 만세!"가 여기저기서 터져 나왔다. 일제 강점이 시작된 지도 어느덧 26년이 흐른 시점이었다.

베를린올림픽 : 제11회 올림픽대회. 49개국이 참가했고, 히틀러가
개회선언을 함

이길용 : 일장기 말소 사건으로 면직되었고, 해방 이후 《대한체육
사》 집필에 몰두했지만 한국전쟁 때 납북됨

Q 손기정 선수의 금메달에 사람들은 어떻게 반응했을까?

A 1936년 8월 10일 아침 각 신문사는 일제히 호외를 발행해 시내에 뿌렸다. 《상록수》를 쓴 소설가 심훈은 이날 호외를 보고 감동 받아 이렇게 썼다. "전 세계 인류를 향해 외치고 싶다! 아직도 너희들은, 우리를 약한 족속이라 부를 테냐?" 곧이어 손기정과 남승룡의 사진을 담은 화보가 주요 신문의 지면을 크게 차지했다. 한반도 전체가 한 달간 손기정 열풍에 휩싸였다 해도 과언이 아니었다. 조선인이라면 코흘리개 아이부터 노인에 이르기까지 손기정을 입에 달고 살 정도였다. 호남은행 은행장은 마라톤 두 선수의 학자금을 책임지기로 했고, 종로의 한 양화점은 손기정에게 평생 신을 구두를 제공하겠다고 나섰다.

사람들은 손기정 선수의 금메달을 오롯이 조선인의 성취로 삼고 싶어 했다. 여운형이 사장인 〈조선중앙일보〉는 13일자 신문에 시상식 사진을 흐릿하게 처리하면서 가슴팍 일장기를 지웠다. 원판 사진에서 일장기가 잘 보이지도 않았고, 작게 실어서 당국이 크게 문제 삼지는 않았다.

경기 당일 마라톤 소식을 실시간으로 전했던 〈동아일보〉 이길용 기자는 8월 24일자 신문에 시상식 사진을 제법 크게 실으며 손기정 선수 가슴에 선명하게 새겨진 일장기를 지우는 일을 주도했다. 이 기자는 그날 바로 경찰에 연행됐고, 곧이어 해직당하고 말았다. 이 사건이 커지면서 〈조선중앙일보〉도 수사를 받았다. 여운형 사장은 쫓겨나고 신문은 무기 정간 조치를 당했다.

Q 일본은 손기정 선수의 금메달을 어떻게 바라봤을까?

A 아시아 최초의 근대 국가로 서양의 일원이 되고 싶었던 일본은 올림 픽 참여에 유독 관심이 많았다. 1920년 앤트워프올림픽에서 은메달 2개를 따면서 성적을 내기 시작했고, 1932년 LA올림픽에서는 금메달 7개, 은메달 7개, 동메달 4개라는 최고 성적을 올렸다. 1936년 베를린올림픽에서 는 손기정의 마라톤을 포함해 금메달 6개, 은메달 4개, 동메달 10개라는 준 수한 성적을 올렸다. 특히 손기정의 마라톤 우승은 한반도뿐만 아니라 일본 열도 전체를 흥분하게 만든 소식이었다.

당시 일본은 물론이고 아시아인들 모두는 서양인에 대 해 체격이나 체력에서 열등감을 심하게 느꼈다. 그런 데 일본 대표로 참가한 손기정이 가장 힘들고 어려운 종목인 마라톤에서 무수한 서양 선수들을 제치고 우승 을 따낸 것이다. 일본은 손기정 선수를 "우리들의 키 테이 손(일본식 이름)"이라고 불렀고, "일본 선수단의 쾌거이자 1억 일본인의 승리"라고 주장했다. 아사히 맥주, 키코만 간장 같은 대기업들도 손기정 선수 사 진을 활용해 대대적인 광고를 펼쳤다.

베를린올림픽

1936년에 개최된 베를린올림픽은 특이했다. 독일 정부가 단순한 스포츠 축제가 아닌 나치 독일과 지도자 히틀러를 그럴듯하게 포장해서 홍보하는 선전장으로 활용했기 때문이다. 올림픽 성화를 그리스에서 불붙여 개막식 장소까지 봉송하는 이벤트도 이때 처음 기획됐고, 자국 백인 선수들의 활약을 영화로 제작해 국민을 동원하는 데 적극적으로 사용했다.

스페인 내전

1936년 7월 17일 스페인령 모로코 등에서 일어난 군사 반란을 기점으로 3년 가까이 내전이 일어났다. 당시 스페인은 공화국이었는데, 민주주의를 추구하는 공화파 연합이 총선에서 승리하자 패배한 우파 군부가 쿠데타를 준비했던 것이다. 이 전쟁은 민주주의와 전체주의가 부딪히는 이념의 격전장이 되면서 국제적인 관심도 높아졌다. 내전은 우파의 승리로 끝났고, 여기서 자신감을 얻은 나치 독일은 제2차 세계대전을 일으켰다.

쇼와 유신

일본은 대공황 이후 심각한 경제 위기에 빠졌다. 민주적인 정당 정치가 무능하고 부패하다는 인식이 확산됐고, 젊은 군인들은 천황 중심으로 나라를 뒤집어엎어야 한다는 생각을 하게 되었다. 그들은 '쇼와 유신(낡은 것을 새롭게 고친다)'을 외치며 테러를 시작했다. 총리를 포함한 유력 정치인과 재벌들이 목숨을 잃었다. 이 시기를 거치며 일본은 군부가 중심이 되는 전체주의 국가로 변신했다.

'스포츠'가 발견한 민족

19세기 중후반에 본격적으로 등장한 근대 국민국가는 예전 국가 체제와는 크게 달랐다. 가장 큰 특징은 전쟁이 일어날 때 직업군인뿐만 아니라 국민이 모두 동원된다는 사실이다. 국민이 목숨 걸고 전쟁에 나가게 하려면 어떡해야 할까? 정부 입장에서 가장 좋은 방법은 국민에게 '애국심'을 갖게 만드는 것이다. 이를 위해 두 가지 과제가 개발됐다. 하나는 국민 모두가 기초 교육을 받는 '보통교육'이었고, 다른 하나는 바로 '스포츠'였다. 19세기 말 프랑스 교육자 쿠베르탱이 올림픽을 창시한 이유 중 하나도 국민이 자연스럽게 애국심을 갖게 만드는 것이었다.

근대 교육을 받아들인 대한제국도 1896년 5월 31일 관립 소학교에서 처음으로 '운동회'를 열었다. 운동회가 끝날 때면 항상 애국가를 부른 뒤 "황제 폐하 만세!"를 외쳤다. 운동회 같은 스포츠 이벤트를 단순 오락이나 게임이 아니라, 우리 모두 한 민족임을 확인하는 중요한 '의식'으로 이용한 것이다.

생각해 보자

1 식민지 생활 속의 조선 사람들에게 손기정의 금메달 소식은 어떤 의미였을까?

2 일본은 손기정의 금메달에 기뻐하면서도 일장기 말소 사건에 대해서는 왜 가혹했을까?

여운형

1886~1947

한일병합 직후 상하이에서 신한청년당을 만들어 3·1운동과 임시정부 수립에 큰 역할을 한 여운형 선생은 체육에도 무척 관심과 애정이 많았다. 우리나라 최초의 야구팀인 황성YMCA 야구단 단장으로 일본 와세다대 야구부와의 원정 경기에 참가했고, 중국 유학 시절에는 진링대 대표선수로 활동할 정도였다. 2002년에 개봉한 영화 〈YMCA 야구단〉에서 코치로 나오는 주인공 송강호의 모델이 바로 여운형 선생이었다. 상하이 임시정부 시절에도 상하이 야구팀 코치를 맡았다. 상하이 한인체육회 위원장을 지냈고, 푸단대 명예교수로 대학 축구팀을 이끌고 싱가포르, 필리핀 등을 순방했다.

〈조선중앙일보〉 사장으로 재직할 때는 신문사가 주최하거나 후원하는 스포츠 대회를 통해 스포츠 문화를 장려하고 우수한 인재를 육성하는 데 기여했다. 특히 조선 마라톤 대회 위원장을 맡으면서 손기정 선수 후원에도 앞장섰다. 손 선수를 비롯해 베를린올림픽에 참가하는 선수들을 격려하는 자리에서 여운형은 이렇게 말했다. "제군들은 비록 가슴에는 일장기를 달고 가지만, 등에는 한반도를 짊어지고 간다는 것을 잊어서는 안 된다."

1933년에는 《현대 철봉 운동법》이라는 책을 내면서 근육으로 다져진 상반신 사진을 공개하기도 했다. 일제 강점기인 1933년부터 조선체육회 이사로 활동했고, 해방 직후에는 조선체육회 제11대 회장과 조선올림픽위원회 초대 위원장을 맡았다. 그의 열정적 노력 덕분에 조선체육회가 대한민국 정부가 공식적으로 수립되기 전인 1947년 6월 20일에 국제올림픽위원회에 가입하는 데 성공했고, 그 결과 대한민국 선수단이 1948년 런던올림픽에 태극기를 앞세우고 참여할 수 있었다. 이는 정부가 수립되지 않은 상태에서 올림픽에 참가한 최초의 사례였다. 하지만 올림픽위원회에 가입하고 한 달여가 지난 뒤 여운형 선생은 서울 혜화동 로터리에서 권총 테러를 당해 목숨을 잃었다. 런던올림픽 개막식을 열흘 앞둔 7월 19일에 일어난 일이었다.

1 손기정 선수가 베를린올림픽에서 금메달을 딴 종목은 무엇일까?

① 태권도   ② 유도

③ 마라톤   ④ 펜싱

2 손기정 선수 시상식 사진에서 일장기를 지워 보도했다가 일본 경찰의 수사를 받은 신문은 무엇일까?

① 동아일보   ② 조선일보

③ 매일신보   ④ 경성일보

3 공화주의 세력과 군부 우익 사이에 일어난 내전으로 제2차 세계대전을 불러온 사건은 무엇일까?

① 이태리 내전   ② 미국 남북전쟁

③ 시리아 내전   ④ 스페인 내전

4 일본에서 젊은 군인들 중심으로, 정당 정치를 붕괴시키고 천황 중심의 전체주의를 추구한 정치운동은 무엇일까?

① 메이지 유신   ② 다이쇼 데모크라시

③ 쇼와 유신   ④ 레이와 유신

5 대한민국 정부 수립 전에 런던올림픽에 참가할 수 있도록 노력했던 조선체육회 회장이자 독립운동가인 사람은 누구일까?

다시 전쟁의 광풍 속으로
중일전쟁과 태평양전쟁

　만주사변으로 자신감을 얻은 일본은 1937년 7월 7일 중국 전체를 상대로 중일전쟁을 일으켰다. 전쟁 초기 너무 쉽게 승리를 거듭하자 일본은 3개월이면 중국을 점령할 것으로 생각했다. 그러나 중국군의 저항에 막혀 막대한 피해를 입자 독가스까지 사용해 11월 중순에야 겨우 상하이를 장악했다. 잔뜩 독이 오른 일본군은 12월 중순 난징을 장악한 뒤 무려 6주간 무차별적으로 학살하고 불을 질러 30여만 명이 목숨을 빼앗았다.

　일본은 세계 최강국인 미국에게도 싸움을 걸었다(태평양전쟁). 미국이 1941년 7월 일본에 대해 자산을 동결하고 석유 수출을 중단한 것이 이유였다. 일본은 자폭을 각오한 '가미카제 특공대'를 조직해 1941년 12월 7일 새벽 미국 태평양함대 주력부대가 주둔하고 있는 하와이 진주만을 기습했다. 해군이 심각한 타격을 입으면 미국이 일본에게 평화협상을 먼저 제안할 것이고, 그 사이 중국과 동남아시아 정벌에 집중하면 된다고 생각한 것이다.

　그러나 미국은 일본의 예상과는 달리 국력을 총동원해 일본 해군에 맞섰다. 태평양에서 벌어진 해전 초기에는 승부를 가리기 어려울 정도로 치열했지만, 1942년 6월 미드웨이 해전에서 미 해군이 압승한 뒤로 전세가 미국 쪽으로 기울었다. 태평양 제해권을 장악한 미국은 일본 본토를 공격하기로 했다. 1945년 3월 도쿄 대공습에는 8만 8,000여 명이 사망할 정도로 심각한 타격을 입혔다. 게다가 미국은 대륙에서 일본과 싸우는 중국에게 군수품을 지원했다. 일본은 대륙에서는 중국과, 태평양에서는 미국과 사투를 벌이며 스스로 패망의 길로 빠르게 달려갔다.

학살 : 무차별적으로 많은 사람을 잔인하게 죽이는 일

제해권 : 바다를 지배하는 힘. '해상에서의 군사적 우위' 또는 '바다를 통제할 수 있는 권력'

궁금증 해결사

Q 일본이 중국, 미국과 전쟁을 벌인 이유는 무엇일까?

A 한마디로 말해 전쟁광 군국주의자들이 장악한 일본 정부가 합리적으로 판단할 능력을 상실했기 때문이다. 그들은 "정신력이 병기를 이긴다"는 비현실적인 신념을 바탕으로 오판에 오판을 거듭했다. 중일전쟁의 계기가 된 군사 충돌은 사소한 국지전 정도로 충분히 관리될 수 있었지만, 흥분한 일본군 수뇌부가 신중파의 반대를 무시하고 병력을 대규모로 투입하면서 전면전으로 확대됐다. 중국의 군사력과 전쟁 의지를 과소평가한 것도 문제였다. 당시 중국은 국민당과 공산당이 내전 중이었기 때문에 3개월 정도면 손쉽게 무릎을 꿇릴 수 있다고 믿었지만, 막상 전쟁이 시작되자 중국 국민당과 공산당은 힘을 합쳐 끈질기게 일본에 저항했다.

미국에 대해서도 크게 오판했다. 미국은 유럽에서 벌어지고 있는 제2차 세계대전에 대해 철저하게 중립을 지키고 있었기 때문에 진주만에 주둔한 주력 부대만 붕괴시키면 전쟁 의지가 꺾여 평화협상을 먼저 제안할 것이라고 믿었다. 그러나 미국은 곧바로 일본에 선전포고했을 뿐만 아니라 일본과 우호적인 관계에 있는 추축국에 대해서도 곧바로 선전포고하고 전쟁에 뛰어들었다. 미국이 일본의 예상과 정반대로 움직인 것이다.

중일전쟁과 태평양전쟁은 조선을 어떻게 바꿔놨을까?

중일전쟁이 예상보다 길어지자 일본은 1938년 4월 1일 '국가총동원법'을 발표했다. 전쟁을 위해 국가의 모든 자산과 인력을 강제로 동원할 수 있게 한 것이다. 이 법은 일본 본토뿐만 아니라 모든 식민지에 똑같이 적용됐다. 이 법 제4조는 '전시에 국가 총동원상 필요할 때는 제국 신민을 징용해 총동원 업무에 종사시킬 수 있다'고 되어 있다. 이 조항에 근거해 1939년 7월 7일 '국민 징용령'을 공포했다. 전쟁이 일본에 불리하게 전개되자 일본은 이 법령을 근거로 강제징용을 남발했다. 징용된 조선인들은 탄광과 군수 공장, 비행장, 건설 공사장 등에서 하루 12시간이 넘는 강제 노동에 시달려야 했다.

남아 있는 일본 자료를 분석하면 100만 명에 가까운 조선인이 일본과 사할린, 태평양 군도 등에 끌려가 강제 노역에 시달렸다. 군인으로 끌려가는 징병도 비슷했다. 원래 일본은 군대를 신성하게 생각했기 때문에 조선인은 입대하지 못하게 했다. 그러나 중일전쟁이 길어지면서 육군과 해군에 '지원병 제도'를 도입했다. 조선 청년들에게 일본 군대에 지원할 수 있는 '기회'를 주겠다는 내용이었다. 이때 친일파 지식인들이 조선 청년들에게 군대에 지원하는 영광을 얻으라고 선전했다. 하지만 태평양전쟁으로 병력이 부족해지자 1944년 4월부터는 조선 청년을 대상으로 징병제를 실시했다.

종군위안부 강제동원

일본은 전쟁을 수행하는 군인들을 '위안'한다는 목적으로 군인만 출입할 수 있는 위안소를 설치하고, 일본과 조선, 대만 등지에서 여성을 데려다가 성노예로 삼았다. 일본에서는 오래전부터 정부가 성매매 여성을 관리하는 '공창제'를 운영했다. 그러나 전쟁이 길어지면서 공급이 부족해지자 조선에서도 여성을 동원하기 시작했다. 문제는 수많은 여성을 취업 사기, 인신매매와 납치 등의 폭력적인 방식으로 동원했다는 사실이다. 강제로 성매매를 당한 여성들은 물리적인 폭력뿐 아니라 성병과 임신의 위험을 견뎌야 했다. 해방 후 돌아온 위안부 생존자들은 트라우마와 수치심 때문에 사실을 숨겨오다 1990년대 들어서야 증언을 시작해 세상에 알려지게 됐다. 우리나라는 물론이고 국제사회는 지금도 전쟁 중 여성에게 범죄를 저지른 일본 정부에 사과와 보상을 요구하고 있다.

국공합작과 국공내전

신해혁명으로 청나라가 멸망하고 중화민국이 들어섰지만 중국 대륙에는 군벌들이 각 지역을 지배하고 있었다. 쑨원은 1924년 자신이 설립한 국민당과 새롭게 등장한 공산당이 힘을 합쳐 군벌을 몰아내자고 의기투합했다. 이를 제1차 '국공합작'이라 부른다. 그런데 1925년 쑨원이 사망하자 국민당을 이끄는 장제스가 1927년부터 공산당을 공격했다. 이것이 제1차 '국공내전'이다. 1937년 중일전쟁이 발발하자 국민당과 공산당은 다시 힘을 합치는 제2차 '국공합작'을 시도했다. 일본이 패망하자 다시 두 세력이 전쟁을 벌이는 제2차 '국공내전'이 시작되었는데, 최종 승자는 공산당이었다.

전쟁 기술의 변신

전쟁은 많은 것을 파괴한다. 그런데 역설적이게도 더 많이 파괴하려고 개발한 과학기술이 전쟁이 끝난 후 새로운 세상을 만드는 기술로 '변신'하는 사례가 많다.

제2차 세계대전 때 개발된 기술이 특히 그랬다. 전투기 속도를 높이기 위해 영국과 독일에서 각자 개발한 '제트 엔진'은 전쟁이 끝난 뒤 일반 항공기에도 적용돼 전 세계를 오가는 민간 항공기 시대를 열었다. 컴퓨터(전자계산기)도 이때 처음 개발되었다. 독일군의 암호를 해독하기 위해 영국의 수학 천재 앨런 튜링이 개발한 전자식 계산기가 컴퓨터의 원형이 된 것이다. 플라스틱도 제2차 세계대전을 거치면서 다양한 형태로 개발됐다. 그중에서도 낙하산과 텐트용으로 개발된 나일론은 전후 전 세계 섬유산업을 평정하는 핵심 기술이었다. 독일이 연합국의 주요 도시를 공격하기 위해 개발한 인류 최초의 장거리 탄도미사일 'V2로켓' 기술은 훗날 미국과 소련의 과학자들이 경쟁적으로 우주 개발에 나서는 토대가 됐다.

생각해 보자

1 일본은 왜 무모하게 중국과 미국을 상대로 동시에 전쟁을 벌였을까?

2 일본이 종군위안부를 강제동원한 것이 전쟁범죄로 비난받는 이유는 무엇일까?

김학순

1924~1997

김학순은 중국 만주 지린에서 무남독녀로 태어났다. 아버지를 일찍 잃고 어머니는 14세 되던 해에 재혼했다. 17세에 양아버지와 만주에 갔다가 일본군에게 잡혀 종군위안부 생활을 했고 3개월 뒤 조선인 상인을 만나 기적적으로 탈출했다. 상하이에서 가족을 이루고 살다가 해방된 이듬해 고국으로 돌아왔다. 그러나 도착하자마자 딸이 홍역에 걸려 목숨을 잃었고, 남편은 6·25 전쟁 중에 숨졌으며 아들도 1955년에 세상을 등지고 말았다.

김학순은 1991년 광복절을 앞둔 8월 14일 언론 앞에 섰다. "나는 일본군 위안부 피해자 김학순입니다. 위안부로 고통받았던 내가 이렇게 시퍼렇게 살아 있는데 일본은 위안부를 끌어간 사실이 없다고 하고 우리 정부는 모르겠다 하니 말이나 됩니까?"

김학순 할머니가 낸 용기에 우리 사회는 물론 전 세계가 주목했다. 국내에서만 또 다른 위안부 피해자 240명이 추가로 얼굴을 드러냈다. 우리나라뿐만 아니라 북한과 필리핀, 중국과 인도네시아, 심지어 네덜란드의 위안부 피해자들도 일본의 전쟁범죄를 공개적으로 고발했다. 1992년부터 일본대사관 앞에서 매주 '수요집회'가 열리기 시작했고, 1993년 8월 일본의 고노 다로 총리는 "일본군의 관여 아래 여성들의 명예와 존엄에 깊은 상처를 입혔다"는 일명 '고노 담화'를 발표했다. 2007년에는 미국 하원에서 일본 정부의 공식적이고 분명한 인정과 사과 그리고 역사적인 책임을 요구하는 결의안이 채택됐다. 2012년 '일본군 위안부 문제해결을 위한 아시아연대회의'는 김학순 할머니가 증언한 날을 기리기 위해 매년 8월 14일을 '세계위안부 기림일'로 정했고, 우리 정부도 2018년부터 '일본군 위안부 피해자 기림의 날'이라는 공식 기념일로 지키고 있다.

김학순 할머니는 1997년 12월 16일 "일본 정부의 사죄를 받아 달라"는 유언을 남기고 세상을 떠났다.

1   중일전쟁 중 일본이 30만 명에 가까운 시민을 학살한 도시는 어디일까?

    ① 상하이   ② 베이징

    ③ 허베이   ④ 난징

2   미국 태평양함대가 주둔한 곳으로, 일본이 맨 처음 기습한 곳은 어디일까?

    ① 통킹만   ② 진주만

    ③ 페르시아만   ④ 멕시코만

3   다음 중 전쟁을 통해 개발된 기술이 아닌 것은 무엇일까?

    ① 제트엔진   ② 세탁기

    ③ 컴퓨터   ④ 플라스틱

4   쑨원이 사망한 후 중국 국민당을 이끈 인물로 공산당과 내전을 벌였던 인물은 누구일까?

    ① 장쉐량   ② 저우언라이

    ③ 장제스   ④ 위안스카이

5   일본이 종군위안부를 강제동원했다는 사실을 처음 증언한 사람은 누구일까?

마침내 다시 갖게 된 군대
임시정부의 정규군, 한국광복군

　정부라면 최소한 공동체를 지킬 힘을 가져야 한다. 지구상 거의 모든 국가가 군대를 보유한 이유다. 대한민국 임시정부도 군대를 보유하려고 노력했다. 김원봉의 의열단을 비롯해 신흥무관학교 등이 그 사례들이다. 하지만 타국에서 자체 무력을 보유하는 일은 쉽지 않았다.

　역설적이게도 일본의 중국 침략이 우리 임시정부에게 절호의 기회가 됐다. 중국은 일본과 싸우기 위해 중국 내 모든 세력과 힘을 모아야 했다. 이 기회를 임시정부가 놓치지 않았다. 김구, 조소앙, 지청천, 이범석 등 임시정부 요인들이 중국 정부와 긴밀하게 소통하면서 임시정부에게 정규군이 필요하다는 사실을 설득했고, 윤봉길 의사에게 감동 받았던 장제스 총통이 그 제안을 받아들이면서 마침내 군대 창설이 가능해졌다.

　1940년 9월 15일 대한민국 임시정부는 충칭에서 정규군 창설을 선언했다. 군대 이름은 '한국광복군'으로 정했다. 한국과 중국의 독립을 위해 "공동의 적 일본제국주의를 타도하고, 연합군의 일원으로 항전한다"는 목표가 제시됐다. 대한민국 임시정부는 광복군을 앞세워 1941년 12월 10일에는 일본을 향해, 1945년 2월 28일에는 독일을 향해 선전포고했다.

　한국광복군은 연합군 자격으로 인도와 미얀마 전선에 투입됐다. 미국전략첩보국(OSS)과 함께 '서울진공작전'을 준비했다. 목표는 1945년 8월 18일 '서울 탈환'으로 미국이 전투기, 잠수함, 공수부대를 지원하고 광복군이 선봉에 선다는 내용이었다. 그러나 8월 15일 일본이 항복하는 바람에 이 작전은 취소되고 말았다. 김구 선생은 이날 일기에 "하늘이 무너지고 땅이 꺼지는 일이었다"고 적었다. 우리 힘으로 독립할 기회가 사라졌기 때문이었다.

주요 단어

김원봉 : 일제 강점기 때 항일 무장 독립운동을 이끈 대표적인 독
립운동가. 광복 후에는 북한에서 활동.

공수부대 : 비행기나 헬리콥터 등을 이용해 하늘에서 낙하산을 타
고 적진에 침투하는 특수부대

Q 광복군은 연합군과 어떻게 협력했을까?

A 광복군이 출범한 직후인 1942년 영국군과 중국군은 미얀마를 점령한 일본군을 몰아내기 위한 작전을 수립하고 있었다. 영국이 일본군의 첩보 수집하는 데 광복군의 활약이 필요하다고 판단해 군사 합작이 이뤄졌다. 1943년 5월 김원봉 광복군 부사령관과 영국군의 인도 사령관인 맥킨지가 인도와 버마 지역에서 활약할 공작대(인면전구공작대) 조직에 관한 협정을 체결했다. 이 협정에 따라 8월 말 9명의 한국광복군이 미얀마 접경 지역인 임팔 전선에 파견돼 일본이 항복할 때까지 영국군을 도와 정보를 수집하고 일본군 포로를 심문했다.

한편 1945년 1월 일제에 의해 학병으로 끌려갔던 조선인 청년들이 극적으로 탈출해 충칭에 있는 대한민국 임시정부를 찾아온 일이 있었다. 그중 장준하는 2월부터 한국광복군 소위로 복무했다. 일본군의 생생한 정보를 갖고 있는 이들에게 미국은 특별히 관심을 가졌다. 미국전략첩

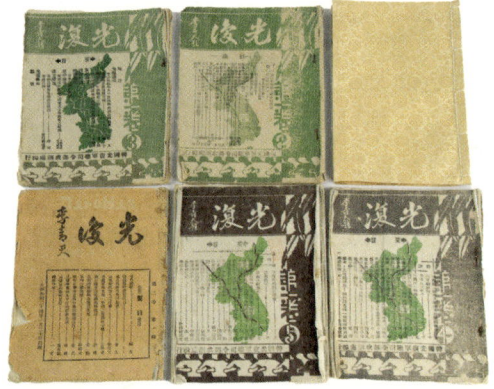

광복군 기관지 〈광복〉

보국은 2월 '서울진공작전'을 승인하고 장준하 포함 60여 명을 선발해 특수훈련에 돌입했다. 1945년 봄부터 국내 침투 공작훈련이 시작됐다. 1945년 7월 1기생 50명이 훈련을 마쳤고, 8월 4일에는 38명이 수료했다.

Q 일본은 왜 원자폭탄 공격을 받고 바로 항복하지 않았을까?

A 일본은 8월 6일 히로시마에서 원자폭탄 공격을 받고서도 곧바로 항복할 생각을 하지 않았다. 오히려 '1억 총 옥쇄'(1억 인구 모두가 산산조각이 나도 항복하지 않는다)라는 구호를 외치며 결의를 다졌다. 그런데 이틀 뒤인 8일 8일 밤, 소련이 일본을 향해 선전포고하고 곧바로 만주를 공격했고, 9일 오전 11시 미군은 나가사키에 또 다른 원자폭탄을 투하했다. 당시 일본군 수뇌부는 원자폭탄보다 소련의 참전 소식에 더 큰 충격을 받았다.

소련과 일본은 이미 1941년에 서로의 영토를 존중하고 전쟁이 나도 상대방을 공격하지 않는다는 '중립조약'을 체결한 바 있다. 그런데 소련이 미국의 요청을 받아들여 공격을 시작했기 때문에 일본은 당황할 수밖에 없었다. 게다가 소련은 나치 독일을 무너뜨린 군사력을 보유하고 있었고, 공산주의에 패배하면 일본 고유의 천황제도 폐지될 게 분명했다. 그래서 일본은 서둘러 항복을 선언한 것이다. 천황제만 유지할 수 있게 해준다면 무엇이든지 하겠다며 미국에게 백기를 들었다. 그날이 8월 15일이었다.

원자폭탄 개발

독일이 핵무기를 개발한다는 정보가 알려지자, 미국은 1942년부터 '맨해튼 프로젝트'라는 이름으로 핵무기 개발을 시작했다. 1945년 7월 16일 뉴멕시코 사막에서 인류 최초의 핵폭발 실험인 '트리니티 실험'이 성공하면서, 핵무기를 실제 전쟁에 사용할 수 있게 됐다. 그로부터 한 달도 되지 않은 8월 6일과 9일, 미국은 히로시마와 나가사키에 원자폭탄을 투하했다.

카이로회담

제2차 세계대전이 한창이던 1943년 11월 22일 미국의 루스벨트 대통령, 영국의 처칠 총리, 중국의 장제스 총통이 이집트 카이로에 모여 '전후 아시아 질서'를 논의했다. 회담 결과는 '카이로 선언'으로 발표됐다. 여기에서 처음으로 "대한민국은 적절한 시기에 독립시킨다"는 문장이 포함되었다. 하지만 '적절한 시기'라는 표현 때문에 훗날 신탁통치에 관한 갈등과 남북 분단의 빌미가 됐다.

얄타회담

1945년 2월 소련의 휴양지 얄타에서 미국의 루스벨트 대통령, 영국의 처칠 총리, 소련의 스탈린 서기장이 참석하는 회의가 개최됐다. 이 회의는 독일의 무조건 항복과 그 후 분할 점령 방안에 관한 것이었다. 그러나 한 가지 더 비밀로 합의한 내용이 있었다. 독일이 패망하면 3개월 안에 소련이 태평양전쟁에 참전하는 것이었다. 이때 스탈린은 참전 조건으로 사할린 남부와 쿠릴 열도 전체 그리고 만주 철도 운영권 등을 요구했다.

차가운 전쟁, 냉전

제2차 세계대전은 파시즘이라고 부르는 전체주의 국가와 여기에 반대하는 국가들이 연합군을 만들어 치른 전쟁이었다. 1945년 5월 8일 독일이, 같은 해 8월 15일 일본이 항복하면서 전쟁은 연합군의 승리로 끝났다. 하지만 평화는 찾아오지는 않았다. 미국 중심의 자본주의 진영과 소련 중심의 공산주의 진영이 곧바로 체제 경쟁을 시작했기 때문이다. 이 경쟁은 무기를 들고 직접 싸우지는 않는다고 하여 차가운 전쟁, 즉 '냉전'이라 불렀다. 미국과 소련은 당장 폐허가 된 유럽을 어떻게 재건할 것인지를 두고 갈등을 벌였다. 패전국 독일은 분단시켜 두 나라가 따로 통치했고, 유럽 동쪽에는 소련의 지원 아래 공산주의 정권들이 들어섰다. 이를 두고 영국의 처칠 총리는 "유럽에 '철의 장막'이 드리웠다"고 한탄했다. 아시아에서는 엉뚱하게도 패전국 일본이 아니라 우리나라가 분할통치의 대상이 됐다. 그 결과 6·25전쟁이라는 큰 비극을 겪어야 했다. 우리나라는 그때 분단돼 아직도 통일을 이루지 못하고 있다. 미국과 소련 사이의 냉전은 1991년 소련이 해체되면서 끝났다.

생각해 보자

1 일본이 항복하기 전에 광복군이 서울진공작전을 펼쳤더라면 우리나라는 어떻게 바뀌었을까?

2 일본은 왜 미국보다 소련을 더 두려워했을까?

장준하
1918~1975

장준하는 평안북도 의주의 기독교 집안에서 태어나 1944년 일본 육군 학도병에 자원 입대했다. 아버지의 독립운동 경력 때문에 고통 받는 가족들 부담을 덜어주기 위함이었고, 또 전장에서 얼마든지 탈영할 수 있다는 자신감도 있었다. 실제 그는 중국 장쑤성에 있던 제65사단에서 탈영하는 데 성공했다.

그는 중국 팔로군에서 김준엽과 만나 둘도 없는 동지가 됐다. 김준엽도 학도병을 자원했다가 탈영한 상태였다. 장준하와 김준엽처럼 일본군에서 탈출한 조선인들 숫자가 50여 명을 헤아렸다. 이들이 임시정부에 도착한 것은 1945년 1월 31일이었다.

1945년 광복군과 미육군 사이에 '합동훈련 협정'이 체결되면서 이들은 미국전략첩보국(OSS) 대원이 되어 3개월간 특수훈련을 받았고 장준하는 5월 1일 광복군 육군 중위로 진급한 후 중국 시안에서 미국 육군 군사교육을 받고 국내에 파견될 특수공작원으로 대기하다가 일본의 항복 소식을 들었다. 1945년 11월 임시정부 요인들과 함께 귀국해 김구 선생의 비서로 일했고, 김구 선생 사후에는 이범석이 이끄는 민족청년단원으로 활동했다.

대한민국 정부 수립 이후에는 서기관에 임용됐다. 1950년 문교부 국민정신계몽 담당관, 1952년 문교부 국민사상연구원 사무국장 등을 지내다가 문교부 기관지 〈사상〉을 인수해 월간 종합교양지인 〈사상계〉를 창간했다. 〈사상계〉는 이승만의 자유당 정권을 규탄하며 4·19 혁명의 단초를 마련했다. 그는 박정희의 유신 독재 정권에 저항하다가 1975년 8월 17일 포천 약사봉 등산길에서 의문사를 당했다. 1974년 대통령 긴급조치 1호 위반에 관한 선고결과는 재심 과정을 거쳐 2013년 최종 무죄 판결을 받았다.

1 1941년 중국 충칭에서 대한민국 임시정부가 창설한 정규군 이름은 무엇일까?

① 한국광복군 ② 대한독립군

③ 한국독립군 ④ 대한해방군

2 카이로 회담에 참석한 나라가 아닌 곳은 어디일까?

① 미국 ② 영국

③ 중국 ④ 독일

3 제2차 세계대전 당시 미국의 비밀 핵무기 개발 프로젝트명은 무엇일까?

① 보스턴 프로젝트 ② 맨해튼 프로젝트

③ 텍사스 프로젝트 ④ 엘에이 프로젝트

4 독일이 패망하면 3개월 안에 소련이 태평양전쟁에 참전할 것을 비밀리에 약속한 회담은 무엇일까?

① 카이로 회담 ② 포츠담 회담

③ 테헤란 회담 ④ 얄타 회담

5 일본 학도병에 자원했다가 곧바로 탈영해 광복군에 가담한 사람으로 해방 후에 <사상계>라는 잡지를 창간한 사람은 누구일까?

1894~1910: 의병운동기

- **1894: 동학농민전쟁**

  농민들이 외세와 부패한 정부에 맞서 싸운 대규모 민중운동. 청일전쟁의 원인이 됨.

- **1895: 을미사변, 단발령**

  일본이 명성황후를 시해하고 단발령을 강요하자 을미의병이 일어남.

- **1896: 아관파천**

  고종이 러시아 공사관으로 피신함.

- **1905: 을사늑약 체결**

  일본이 대한제국의 외교권을 강제로 빼앗고, 을사의병이 전국적으로 확산됨.

- **1907: 정미의병, 헤이그 특사 사건**

  고종이 국제사회에 도움을 요청했으나 실패함. 군대해산 후 군인들이 의병에 가담.

- **1909: 안중근 의거**

  하얼빈에서 이토 히로부미를 저격, 국제사회에 독립 의지 알림.

- **1910: 한일병합조약**

  대한제국이 일본 식민지로 전락, 무장투쟁에서 비밀결사로 독립운동 방식이 변화함.

1910~1919: 비밀결사와 임시정부 수립기

- **1911: 105인 사건**

  항일 단체인 신민회가 해산되고 참여자들이 대규모 탄압을 받음.

- **1912~1915: 독립의군부, 대한광복회**

  비밀 조직 결성, 무장 독립운동을 준비하고 친일파를 처단함.

- **1919: 3·1운동**

  전국적으로 벌어진 비폭력 독립 시위, 해외에 독립의지를 알림.

- **1919: 대한민국 임시정부 수립(4월 11일)**

  상하이에서 수립, 민주공화정 형태의 정부 출범.

1920~1931: 독립전쟁 전성기, 문화·의열투쟁 병행

- **1920: 봉오동 전투**

  홍범도 부대가 일본군을 물리치고 독립군 최초의 승리를 거둠.

- **1920: 청산리 전투**

  김좌진 지휘 아래 독립군이 대승을 거둠.

- **1921: 자유시 참변**

  소련 내 독립군이 내분과 무장해제로 큰 피해를 입음.

- **1923: 김상옥 의거**

  종로경찰서에 폭탄 투척 후 전투 중 순국함.

- **1926: 6 · 10 만세운동**

  순종 인산일을 계기로 학생 중심 시위가 전개됨.

- **1927: 신간회 창립**

  좌우를 통합한 합법적인 민족운동 단체로 성장함.

- **1929: 광주학생항일운동**

  학생들이 식민 교육에 반대하며 시위한 것이 전국으로 확산됨.

1931~1940: 국제연대, 의열투쟁 지속

- **1931: 만주사변**

  일본 관동군의 만주 침략 전쟁을 계기로 한중연합군이 결성됨.

- **1932: 이봉창 의거**

  일본 도쿄에서 일왕에게 폭탄을 투척함.

- **1932: 윤봉길 의거**

  상하이 훙커우 공원에서 일본군 주요 인물들에게 폭탄을 투척함.

- **1935: 민족혁명당 창립**

  여러 좌파 독립세력이 연합함.

- **1937: 중일전쟁**

  일본 제국주의에 대한 국제적 반감이 높아지고 항일무장투쟁을 강화할 수 있는 여건이 조성됨. 대한민국 임시정부는 중국 국민당 정부와 협력해 항일전선에 동참함.

1940~1945: 광복군 창설과 독립전선 최종단계

- **1940: 한국광복군 창설**

  대한민국 임시정부가 만든 독립군 조직으로, 일본 제국주의 타도와 조국 독립을 목표로 활동함.

- **1941: 대일 선전포고**

  연합국과 함께 일본에 전쟁을 선포함.

- **1942: 조선의용대 일부 광복군 편입**

  좌우 통합이 시작됨.

- **1945: 광복(8월 15일)**

  일본의 항복으로 조선이 광복을 맞이함.

정답

17쪽   1. ④   2. ③   3. ④   4. ②   5. 전봉준

25쪽   1. ③   2. ②   3. ③   4. ②   5. 육영공원

33쪽   1. ④   2. ②   3. ①   4. ④   5. 의병

41쪽   1. ②   2. ①   3. ④   4. ②   5. 창덕궁

49쪽   1. ①   2. ③   3. ④   4. ②   5. 탑골공원

57쪽   1. ①   2. ③   3. ④   4. ②   5. 이동녕

65쪽   1. ③   2. ①   3. ④   4. ③   5. 김좌진

73쪽   1. ①   2. ④   3. ④   4. ③   5. 후세 다쓰지

81쪽   1. ③   2. ②   3. ①   4. ④   5. 김단야

89쪽   1. ③   2. ②   3. ①   4. ①   5. 장재성

97쪽   1. ①   2. ④   3. ①   4. ②   5. 만주국

105쪽   1. ④   2. ①   3. ②   4. ③   5. 한인애국단

113쪽   1. ③   2. ①   3. ④   4. ③   5. 여운형

121쪽   1. ④   2. ②   3. ②   4. ③   5. 김학순

129쪽   1. ①   2. ④   3. ②   4. ④   5. 장준하

봄마중 청소년꿈

10대를 위한 독립운동 신문

초판 1쇄 발행 2025. 7. 30.

글쓴이	김태훈
그린이	천현정
발행인	이상용 이성훈
발행처	봄마중
출판등록	제2022-000024호
주소	경기도 파주시 회동길 363-15
대표전화	031-955-6031
팩스	031-955-6036
전자우편	bom-majung@naver.com

ISBN 979-11-94728-08-5 43910